国家社会科学基金项目（15BGL015）
重庆高校创新团队建设计划资助项目（CXTDX201601027）
教育部人文社会科学重点研究基地重庆工商大学长江上游经济研究中心科研（智库）团队资助项目（CJSYTD201706）

Internationalization of
Chinese Family Business
Under the Background of "the Belt and Road"

中国家族企业国际化研究

以"一带一路"为背景

周立新 / 著

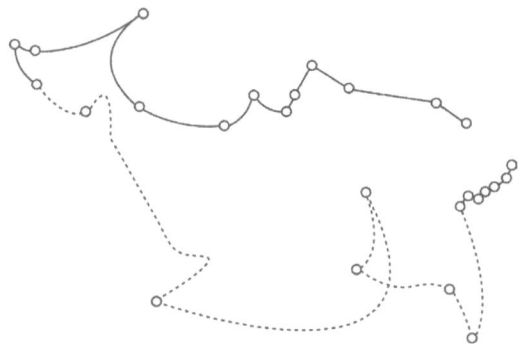

科学出版社
北　京

内 容 简 介

本书以"一带一路"沿线中国 8 个重点省(直辖市)的家族企业为总体样本,通过文献研究、企业调查和专家访谈等手段,借助于理论分析、典型案例分析、统计与计量分析、比较分析等分析方法,研究中国家族企业国际化的基本特征、家族企业国际化的影响因素、家族企业国际化对企业绩效的影响、家族企业国际化对创新能力的影响、"一带一路"背景下中国家族企业国际化路径与模式选择及治理机制等问题。

本书可供工商管理、应用经济学相关专业高校师生和研究人员使用,也可供政府部门、企事业单位相关人员阅读。

图书在版编目(CIP)数据

中国家族企业国际化研究:以"一带一路"为背景/周立新著.
—北京:科学出版社,2020.5
ISBN 978-7-03-064890-7

Ⅰ.①中… Ⅱ.①周… Ⅲ.①家族-私营企业-国际化-研究-中国 Ⅳ.①F279.245

中国版本图书馆 CIP 数据核字(2020)第 065115 号

责任编辑:杨婵娟 / 责任校对:杨 然
责任印制:徐晓晨 / 封面设计:有道文化

科学出版社 出版
北京东黄城根北街 16 号
邮政编码:100717
http://www.sciencep.com

中国科学院印刷厂 印刷
科学出版社发行 各地新华书店经销

*

2020 年 5 月第 一 版　开本:720×1000　B5
2021 年 1 月第二次印刷　印张:12 1/2
字数:211 000

定价:75.00 元
(如有印装质量问题,我社负责调换)

前　言

　　2018年11月1日，习近平总书记在民营企业座谈会上的讲话中充分肯定了民营经济和民营企业在中国改革开放发展中的重要地位和作用。家族企业是中国民营经济和民营企业的主要构成。中国民（私）营经济研究会家族企业研究课题组（2011）调查显示，2011年超过80%的中国民营企业是家族企业。2013年9月和10月，习近平总书记分别提出建设"丝绸之路经济带"和"21世纪海上丝绸之路"倡议，2015年3月28日，国家发展和改革委员会、外交部和商务部联合出台《推动共建丝绸之路经济带和21世纪海上丝绸之路的愿景与行动》，标志着"一带一路"倡议进入实施阶段。"一带一路"倡议遵循共商、共建、共享原则，重点促进政策沟通、道路联通、贸易畅通、资金融通和民心相通的多维度互动，着力构建开放、包容、均衡、普惠的合作架构。"一带一路"倡议的提出和实施，为中国家族企业国际化提供了新的平台和重大机遇。在"一带一路"倡议及国家"走出去"战略的引领下，作为数量和经济规模上都极为庞大并具有举足轻重地位的特定企业群体，近年来越来越多的中国家族企业参与到国际化经营活动中。例如，根据中国全球投资追踪（The China Global Investment Tracker，CGIT）数据库数据，2016年中国私营企业（绝大多数为家族企业）对"一带一路"沿线国家的能源、房地产和交通运输业的直接投资占私营企业总投资比重分别为15.79%、15.79%和10.53%。普华永道咨询公司发布的《2014年全球家族企业调研报告》显示，2014年中国家族企业销售额的15%

来自国际业务[①]。普华永道咨询公司发布的《2016年全球家族企业调研报告》则显示，2016年近80%的中国内地家族企业出口产品或服务，未来5年参与国际销售的家族企业比例将升至88%[②]。然而，中国家族企业国际化的快速发展却难掩企业治理体系滞后的现实，有效的治理体系决定企业获取国际化所需资源以及企业应对复杂国际环境的能力，进而影响到家族企业国际化战略的选择以及家族企业国际化经营活动的绩效表现。同时，作为家族系统与企业系统这两个系统的结合体，家族企业国际化战略的选择及家族企业国际化战略的影响结果也有别于其他类型的企业。因此，在"一带一路"倡议提出和实施背景下，研究中国家族企业国际化战略及治理行为具有重要的学术与应用价值。

总体上看，目前国内外学术界对家族企业国际化问题的研究尚处于初期探索阶段，现有研究成果至少存在以下缺陷或不足：第一，从研究内容来看，以探讨家族企业国际化的影响因素为主，对家族企业国际化过程、国际化结果的研究较少。关于家族企业国际化的影响因素，国外学者聚焦于家族涉入因素（家族权力、家族经验和家族文化）的影响，主要讨论家族持股比例、家族经理与董事数量、家族承诺文化，以及家族涉入或传承代数等少数几个家族涉入变量对家族企业国际化倾向、国际化深度的影响，忽视了家族涉入的复杂动态性及国际化的多维表现；国内学者则强调制度环境与产业环境的影响，忽视了家族涉入因素的影响。第二，从研究视角来看，国外学者以资源与能力观、代理理论与管家理论、社会情感财富理论视角为主，强调单一理论视角的分析；国内学者以制度理论和产业基础理论视角为主，基于中国独特制度情境的多视角整合研究较少。第三，从研究对象来看，以欧美家族企业为主，对中国（不含港澳台地区）家族企业的研究以东部地区家族企业为主，对中西部地区家族企业的研究很少。第四，从研究方法来看，国外学者注重案例分析与计量分析相结合；国内学者以理论分析与案例分析为主，近期国内出现了少量以上市家族企业为样本的计量分析，但大样本问卷调查与计量分析相结合的实证研究成果

---

① 普华永道咨询公司. 2014. 2014年全球家族企业调研报告. http://finance.cankaoxiaoxi.com/2014/1023/539148.shtml[2014-10-23].
② 普华永道咨询公司. 2016. 2016年全球家族企业调研报告. http://www.ocn.com.cn/hongguan/201611/owczu04135808.shtml[2016-11-04].

还很少见。

本书以"一带一路"沿线中国 8 个重点省（直辖市）的家族企业为总体样本，通过文献研究、企业调查和专家访谈手段，借助于理论分析、典型案例分析、统计分析与计量分析、比较分析等分析方法，研究中国家族企业国际化的基本特征、家族企业国际化的影响因素、家族企业国际化对企业绩效的影响、家族企业国际化对创新能力的影响、"一带一路"背景下家族企业国际化路径与模式选择及治理机制等问题。具体内容如下。

（1）文献研究。主要是通过图书馆、网络等查阅和梳理国内外家族/民营企业[①]国际化、社会情感财富、家族非经济目标、家族/民营企业治理等领域的最新文献；"一带一路"倡议、政策措施等文献。包括 400 余篇/部中外文文献，其中，英文文献 200 余篇，中文文献 200 余篇/部，形成相关文献综述。

（2）典型案例分析。在"一带一路"沿线中国 8 个重点省（直辖市）选择 10 家典型家族企业进行深度访谈与案例分析，并访谈了国内家族企业研究领域的 3 位知名专家，据此设计企业调查问卷；研究家族企业参与"一带一路"建设情况，以及力帆实业（集团）股份有限公司、万向集团公司等典型家族企业国际化路径与模式选择问题。

（3）问卷调查。问卷调查内容主要涉及三个方面的问题：①家族企业国际化现状或基本特征（国际化深度、国际化广度、国际化速度、国际化路径与模式、参与"一带一路"建设情况）、国际化环境、国际化绩效；②家族企业的家族涉入（家族权力、家族经验、家族文化）情况、社会情感财富及测评指标体系；③家族企业基本情况及成长现状。课题组首先确定了样本家族企业的选择标准：民营企业必须是由某一核心家族所有或控制的企业，即某一核心家族成员持股比例应在 50%以上；民营企业具有出口贸易、境外直接投资等国际业务；问卷的填写者为民营企业家及核心管理者。鉴于家族企业样本收集的困难性和复杂性，问卷调查主要采用了两种方式：第一通过与家族企业家有一定社会关系的政府部门、社团协会及企业相关者介绍与协助调研，包括上门访谈与问卷发放和现场回收；第二自己主动与被调查企业联系，在征得对方同意之

---

① 家族企业属于民营企业，因为民营企业研究成果众多，本书是在民营企业研究基础上的深入，所以对民营企业研究成果多有借鉴。

后，上门进行访谈，同时进行问卷的发放和现场回收。问卷调查共分三个阶段进行：第一阶段，2016年5~6月，课题组在重庆等"一带一路"沿线重点省（直辖市）选择了10家家族企业进行深度访谈，并访谈了国内家族企业研究领域的3位知名专家，在理论分析与实地调研的基础之上，设计了第一版企业调查问卷；第二阶段，2016年7月，课题组在重庆选择了50家民营企业进行问卷的试发放和预调查，通过对小样本调查结果的探索性因子分析，同时进行信度与效度检验，对问卷中的部分项目进行了调整，设计了第二版企业调查问卷，并将其作为正式问卷；2016年8~10月，课题组以中国"一带一路"沿线的浙江、上海、福建、广东、重庆、青海、陕西、云南的民营企业家为主要调查对象，共发放问卷350份，回收问卷342份。删除数据严重缺失问卷、无效问卷和非家族企业（即家族持股比例低于50%）的问卷之后，最终获得274份有效样本即家族企业问卷。其中，浙江106家（38.7%）、上海15家（5.5%）、福建6家（2.2%）、广东4家（1.5%）、重庆100家（36.5%）、青海22家（8.0%）、陕西13家（4.7%）、云南8家（2.9%）。

（4）统计与计量分析。运用描述性统计分析方法，进行家族企业国际化基本特征及比较研究；运用因子分析、多元回归分析等方法，研究家族企业国际化的影响因素、家族企业国际化对企业绩效的影响、家族企业国际化对创新能力的影响、家族企业网络强度、国际市场知识与国际化绩效等。

本书由10章构成，各章主要内容与基本观点如下。

第一章导论，包括家族企业国际化战略及治理行为研究背景、家族企业国际化研究的学术史梳理及研究动态、"一带一路"范围的界定、研究思路与方法等方面的内容。

第二章家族企业国际化的基本特征及比较研究。第一，中国家族企业国际化深度较小，并且差异较大。第二，中国家族企业国际化广度较小，并且差异较大；家族企业出口产品的销售区域以亚洲和欧洲为主，"一带一路"沿线国家仍然是中国家族企业"走出去"的重点区域。第三，中国家族企业首次进入国际市场的速度较快，之后的国际化步伐变慢或一般，大部分家族企业选择了一条渐进式的国际化道路。第四，中国家族企业倾向于首先选择不威胁其独立性的国际化模式（如出口贸易），其次是合同协议、在境外设立销售机构，家族企业很少在境外建立合资企业、独资企业，也较少在境外设立研发机构。第五，中国家族企业国际化绩效表现一般，而海外市场投资回报率表现最差。第六，中国家族企业参与"一带一路"建设的愿望强烈。家族企业与"一带一路"沿线国家的经济往来以进出口贸易为主，对沿线国家直接投资的比重较小，直接投资主要分布在中国周边国家，行业集中于资源密集型行业，跨国并购正成为家族企业境外直接投资的主要方式。家族企业直接参与"一带一路"建设尤其是基础设施联通类项目建设的程度不高，原因可能是多方面的：家族企业参与"一带一路"建设的风险较高；家族企业很难获得"一带一路"建设的支持资金、优惠政策及政策信息；家族企业参与"一带一路"建设的中介服务体系不健全；家族企业核心竞争力不强，国际产能合作市场相对狭小；家族企业参与"一带一路"建设的国际化专业人才缺乏等。家族企业参与"一带一路"建设的模式主要有六种：出口贸易；跨国并购和绿地投资；依托境外经贸合作区，以抱团方式"走出去"；借助国有大型企业平台，实现依附式"走出去"；部分有实力的大型家族企业独立"走出去"；与国际知名品牌企业合作"走出去"。第七，家族企业国际化可能会受到区域、行业属性、企业规模、企业年限、企业家特质（性别、年龄、行业工作经验）、家族涉入（家族所有权、家族管理权、家族代数）等因素的影响。

第三章家族企业国际化的影响因素研究。第一，家族所有权、家族管理权对家族企业国际化深度和国际化广度具有显著的正向影响；第二，环境宽松性弱化了家族所有权对家族企业国际化深度的影响，弱化了家族管理权对家族企业国际化广度的影响，但环境宽松性强化了家族管理权对家族企业国际化深度的影响，即随着家族企业所处国内行业环境宽松性的增大，家族所有权对家族企业国际化深度的正向影响减小，家族管理权对家族企业国际化广度的正向影响减小，而家族管理权对家族企业国际化深度的正向影响增大；第三，制度环境强化了家族管理权对家族企业国际化深度和国际化广度的影响，即随着母国制度环境的改善，家族管理权对家族企业国际化深度和国际化广度的正向影响增大；第四，政治关系弱化了家族管理权对家族企业国际化深度的影响，但强化了家族所有权对家族企业国际化广度的影响，即随着家族企业政治关系的增多，家族管理权对家族企业国际化深度的正向影响减小，家族所有权对家族企业国际化广度的正向影响增大；此外，企业规模对家族企业国际化深度具有显著的负向影响，而企业年限和企业前期绩效水平对家族企业国际化广度具有显著的正向影响。

第四章家族企业国际化对企业绩效的影响研究。第一，家族企业国际化深度与企业绩效之间存在显著的倒 U 形关系，家族企业国际化广度与企业绩效之间存在显著的正向影响关系；第二，家族控制对家族企业国际化广度与企业绩效关系具有负向调节作用，即随着家族控制意愿的增强，家族企业国际化广度对企业绩效的正向影响减小；第三，政治关系对家族企业国际化广度与企业绩效关系具有正向调节作用，即随着家族企业政治关系的增多，家族企业国际化广度对企业绩效的正向影响增大。

第五章家族企业国际化速度对企业绩效的影响研究。第一，家族企业国际化速度对企业绩效具有显著的倒 U 形影响关系；第二，家族企业国际化速度与企业绩效之间的倒 U 形关系受到家族所有权的正向调节，即当家族所有权较高时，家族企业国际化速度与企业绩效之间的倒 U 形关系会被显著强化；第三，家族企业国际化速度与企业绩效之间的倒 U 形关系受到企业国际市场知识的正向调节，即当国际市场知识较丰富时，家族企业国际化速度与企业绩效之间的倒 U 形关系会被显著强化；第四，家族企业国际化速度与企业绩效之间的倒 U 形关系受到企业创新能力的负向调节，即当创新能力较低时，家族企业国际化速度与企业绩效之间的倒 U 形关系会被显著强化。

第六章家族企业国际化对创新能力的影响研究。第一，家族企业国际化深度对创新能力具有显著的负向影响，家族企业国际化广度对创新能力具有显著的正向影响；第二，家族控制、家族代际传承意愿对家族企业国际化与创新能力关系起负向调节作用，即家族控制与家族代际传承意愿越强，家族企业国际化深度对创新能力的负向影响越大，而家族企业国际化广度对创新能力的正向影响越小。

第七章家族企业网络强度、国际市场知识与国际化绩效研究。第一，家族企业网络强度对国际化绩效有显著的正向影响，国际市场知识在网络强度与国际化绩效之间起部分中介作用；第二，家族控制负向调节网络强度与国际市场知识关系，即随着家族控制意愿的增强，网络强度对国际市场知识获取的正向影响减小；第三，东道国环境宽松性正向调节网络强度与国际市场知识关系，即随着东道国环境宽松性的提高，网络强度对国际市场知识获取的正向影响增大。

第八章家族企业国际化路径与模式选择的典型案例研究。对力帆实业（集团）股份有限公司、万向集团公司的典型案例分析得出如下结论：第一，逐步国际化是中国家族企业国际化的基本路径，中国家族企业国际化经营经历了贴牌/代工生产、出口贸易（代理出口、直接出口）、建立海外销售机构、海外直接投资建厂（建立全资子公司/独资企业、合资企业、跨国并购）和国际战略联盟等逐步发展的过程；但是，以获取战略资产为目的的中国家族企业可以选择发达国家一些品牌价值高、技术实力强但经营不善的企业，通过跨国并购这一激进的方式进入国际市场，以此弥补作为后发企业的先天竞争劣势。第二，家族企业国际化路径与模式选择受到多种因素的影响，如企业家精神、国际化经验、公司治理结构、东道国企业的战略资产（研发、技术和品牌资源等）、东道国和母国的产业与制度环境、"一带一路"倡议等。家族企业应该根据企业内外部条件来选择适宜的国际化路径、模式及目标市场。

第九章"一带一路"背景下家族企业国际化路径与模式选择。第一，以出口贸易模式进入"一带一路"沿线国家；第二，以独资模式进入"一带一路"沿线国家；第三，以合资、并购等模式进入"一带一路"沿线国家；第四，以抱团方式进入"一带一路"沿线国家；第五，借助于国有大型企业平台，进入"一带一路"沿线国家；第六，以交通基础设施建设为契机，引导家族企业进入"一带一路"沿线国家；第七，结合区域特点，引导家族企业进入"一带一路"沿线国家。

第十章"一带一路"背景下家族企业国际化的治理机制研究。第一，完善促进家族企业国际化的内部治理机制。主要包括：谨慎推进家族企业的股权结构改革；谨慎推进家族企业的职业化公司治理结构改革；重视第二代领导人的培养，积极推进家族企业的换代传承。第二，完善促进家族企业国际化的外部治理机制。主要包括：完善法制环境，完善资本市场环境，完善职业经理人市场环境，积极营造宽松有效的产业环境，完善中介服务体系。

本书特色与创新之处集中体现在以下六个方面。

第一，通过跨地区、跨行业的较大样本的企业调查和描述性统计分析等，对中国家族企业国际化基本特征进行了系统深入的分析研究，涉及家族企业参与"一带一路"建设的愿望、总体情况和主要模式等方面内容。

第二，结合国际化的资源与能力观、产业基础理论和制度理论等，选取"一带一路"沿线中国8个重点省（直辖市）样本家族企业的问卷调查数据，研究家族所有权和家族管理权对家族企业国际化的影响，以及环境宽松性、制度环境和政治关系在二者关系中的调节作用。本书更深刻地揭示了中国家族企业国际化动因及其独特制度情境，也进一步拓展和丰富了新兴经济体国家中的家族企业国际化前因理论研究成果。

第三，结合国际化的资源观和社会情感财富理论，选取"一带一路"沿线中国8个重点省（直辖市）样本家族企业的问卷调查数据，首次对中国本土家族企业国际化与企业绩效关系展开跨地区的经验研究，并考察了家族控制、政治关系在二者关系中的调节作用。弥补了目前国内学术界有关中国家族企业国际化与企业绩效关系几近空白的研究缺陷，以及国外学术界过于重视分析家族企业国际化与企业绩效二者之间直接关系的研究缺陷，进一步拓展和丰富了家族企业国际化与企业绩效关系问题的研究成果。

第四，利用"一带一路"沿线中国8个重点省（直辖市）样本家族企业的问卷调查数据，研究家族企业国际化深度和广度对创新能力的影响，以及家族控制、家族代际传承意愿在二者关系中的调节作用，弥补了目前国内学术界有关家族企业国际化与创新能力关系研究几近空白的缺陷。

第五，整合国际化的关系/网络理论、社会情感财富理论和产业基础理论，选取"一带一路"沿线中国8个重点省（直辖市）样本家族企业的问卷调查数据，研究家族企业网络强度对国际化绩效的影响及中介机制；从家族控制和东道国环境宽松性视角研究家族企业网络强度对国际市场知识的影响。本书深刻地揭示了中国家族企业网络强度对国际化绩效影响的中介与情境机制，也丰富了家族企业网络与国际化关系的研究成果。

第六，提出了中国家族企业进入"一带一路"沿线国家的可行路径与模式，以及"一带一路"背景下促进中国家族企业国际化的内外部治理机制优化的相关建议。

本书是国家社会科学基金项目"'一带一路'背景下中国家族企业国际化战略及治理行为研究"（15BGL015）的最终研究成果，也是重庆高校创新团队建设计划资助项目《家族企业成长与区域经济发展》（CXTDX201601027）、重庆工商大学长江上游经济研究中心科研（智库）团队资助项目《长江上游地区创新创业与区域经济发展》（CJSYTD201706）的重要成果之一。上述项目的主要研究人员包括：周立新、黄洁、刘伟、魏明、杨良明、苟靠敏。本书得以顺利完成，凝结了笔者 3 年多的心血。笔者还要感谢绍兴文理学院商学院周鸿勇教授在问卷调查上给予的支持和帮助，感谢科学出版社编辑在本书出版过程中给予的指导和帮助。

　　本书是我们对"一带一路"背景下中国家族企业国际化战略及治理行为问题的一个探索性研究成果，还有许多问题值得进一步深入研究。囿于研究条件特别是具有国际业务的家族企业问卷调查的困难性，以及受笔者自身的研究水平、时间和精力的限制，本书还存在不足之处，敬请国内外同人批评指正！

周立新

二〇一九年十一月于重庆工商大学

目 录

前言

第一章 导论 ……………………………………………………………… 1

1.1 家族企业国际化战略及治理行为研究背景 …………………… 1
1.2 家族企业国际化研究的学术史梳理及研究动态 ……………… 3
1.2.1 国外家族企业国际化研究的学术史梳理及研究动态 ……… 3
1.2.2 国内家族企业国际化研究的学术史梳理及研究动态 ……… 11
1.2.3 家族企业国际化研究现状述评 ……………………………… 13
1.3 "一带一路"范围的界定 …………………………………………… 14
1.3.1 "一带一路"沿线国家的界定 ……………………………… 14
1.3.2 "一带一路"沿线中国重点省份的界定 …………………… 15
1.4 民营企业与家族企业的界定 ……………………………………… 15
1.4.1 民营企业的界定 ……………………………………………… 15
1.4.2 家族企业的界定 ……………………………………………… 16
1.5 研究思路与问卷调查分析 ………………………………………… 17
1.5.1 研究思路 ……………………………………………………… 17
1.5.2 研究方法 ……………………………………………………… 18
1.5.3 问卷调查分析 ………………………………………………… 19

第二章 家族企业国际化的基本特征及比较研究 ··············· 26

- 2.1 引言 ·············· 26
- 2.2 家族企业国际化的基本特征 ·············· 27
  - 2.2.1 家族企业国际化深度 ·············· 27
  - 2.2.2 家族企业国际化广度 ·············· 28
  - 2.2.3 家族企业国际化速度 ·············· 29
  - 2.2.4 家族企业国际化模式 ·············· 31
  - 2.2.5 家族企业国际化绩效 ·············· 33
  - 2.2.6 家族企业参与"一带一路"建设情况 ·············· 34
- 2.3 家族企业国际化基本特征的比较研究 ·············· 38
  - 2.3.1 按地理区域比较 ·············· 38
  - 2.3.2 按行业属性比较 ·············· 39
  - 2.3.3 按企业规模比较 ·············· 40
  - 2.3.4 按企业年限比较 ·············· 41
  - 2.3.5 按企业家特质比较 ·············· 42
  - 2.3.6 按家族涉入程度比较 ·············· 46
- 2.4 结论与讨论 ·············· 50

第三章 家族企业国际化的影响因素研究 ·············· 53

- 3.1 引言 ·············· 53
- 3.2 研究假设 ·············· 55
  - 3.2.1 家族涉入对家族企业国际化的影响 ·············· 55
  - 3.2.2 环境宽松性在家族涉入与家族企业国际化之间的调节作用 ··· 58
  - 3.2.3 制度环境在家族涉入与家族企业国际化之间的调节作用 ··· 58
  - 3.2.4 政治关系在家族涉入与家族企业国际化之间的调节作用 ··· 59
- 3.3 研究设计 ·············· 60
  - 3.3.1 数据来源 ·············· 60
  - 3.3.2 变量测量 ·············· 61
- 3.4 实证分析结果 ·············· 62
  - 3.4.1 变量的描述性统计与相关性分析 ·············· 62

3.4.2 假设检验 ··· 62
3.5 结论与讨论 ·· 70

第四章 家族企业国际化对企业绩效的影响研究 ································ 74
4.1 引言 ··· 74
4.2 研究假设 ·· 76
4.2.1 家族企业国际化对企业绩效的影响 ···································· 76
4.2.2 家族控制在家族企业国际化与企业绩效之间的调节作用 ········· 77
4.2.3 政治关系在家族企业国际化与企业绩效之间的调节作用 ········· 78
4.3 研究设计 ·· 79
4.3.1 数据来源 ··· 79
4.3.2 变量测量 ··· 79
4.4 实证分析结果 ··· 80
4.4.1 变量的描述性统计与相关性分析 ······································ 80
4.4.2 假设检验 ··· 82
4.5 结论与讨论 ·· 85

第五章 家族企业国际化速度对企业绩效的影响研究 ·························· 89
5.1 引言 ··· 89
5.2 研究假设 ·· 90
5.2.1 家族企业国际化速度对企业绩效的影响 ····························· 90
5.2.2 家族所有权在家族企业国际化速度与企业绩效之间的
     调节作用 ··· 92
5.2.3 国际市场知识在家族企业国际化速度与企业绩效之间的
     调节作用 ··· 92
5.2.4 创新能力在家族企业国际化速度与企业绩效之间的调节
     作用 ·· 93
5.3 研究设计 ·· 94
5.3.1 数据来源 ··· 94
5.3.2 变量测量 ··· 94

5.4 实证分析结果 ·· 95
　　　　5.4.1 变量的描述性统计与相关性分析 ··· 95
　　　　5.4.2 假设检验 ·· 95
　　5.5 结论与讨论 ·· 100

第六章 家族企业国际化对创新能力的影响研究 ·· 103
　　6.1 引言 ·· 103
　　6.2 研究假设 ·· 105
　　　　6.2.1 家族企业国际化对创新能力的影响 ······································ 105
　　　　6.2.2 家族控制在家族企业国际化与创新能力之间的调节作用 ············ 107
　　　　6.2.3 家族代际传承意愿在家族企业国际化与创新能力之间的
　　　　　　　调节作用 ·· 107
　　6.3 研究设计 ·· 108
　　　　6.3.1 数据来源 ·· 108
　　　　6.3.2 变量测量 ·· 108
　　6.4 实证分析结果 ·· 110
　　　　6.4.1 变量的描述性统计与相关性分析 ··· 110
　　　　6.4.2 假设检验 ·· 110
　　6.5 结论与讨论 ·· 116

第七章 家族企业网络强度、国际市场知识与国际化绩效研究 ························· 119
　　7.1 引言 ·· 119
　　7.2 研究假设 ·· 120
　　　　7.2.1 家族企业网络强度对国际化绩效的影响 ································ 120
　　　　7.2.2 国际市场知识在家族企业网络强度与国际化绩效之间的
　　　　　　　中介作用 ·· 121
　　　　7.2.3 家族控制在家族企业网络强度与国际市场知识之间的
　　　　　　　调节作用 ·· 122
　　　　7.2.4 东道国环境宽松性在家族企业网络强度与国际市场知识
　　　　　　　之间的调节作用 ·· 123

7.3 研究设计 124
 7.3.1 数据来源 124
 7.3.2 变量测量 124
7.4 实证分析结果 125
 7.4.1 变量的描述性统计与相关性分析 125
 7.4.2 假设检验 127
7.5 结论与讨论 130

第八章 家族企业国际化路径与模式选择的典型案例研究 133
8.1 引言 133
8.2 案例选择与数据收集 135
 8.2.1 案例选择 135
 8.2.2 数据收集 135
8.3 力帆实业（集团）股份有限公司国际化路径与模式选择 136
 8.3.1 公司简介 136
 8.3.2 国际化路径与模式选择 138
8.4 万向集团公司国际化路径与模式选择 140
 8.4.1 公司简介 140
 8.4.2 国际化路径与模式选择 141
8.5 家族企业国际化路径与模式选择及其影响因素 143
 8.5.1 家族企业国际化路径与模式选择 143
 8.5.2 家族企业国际化路径与模式选择的影响因素 144
8.6 结论与讨论 148
 8.6.1 研究结论 148
 8.6.2 管理启示 149
 8.6.3 研究局限性及建议 150

第九章 "一带一路"背景下家族企业国际化路径与模式选择 151
9.1 以出口贸易模式进入"一带一路"沿线国家 151
9.2 以独资模式进入"一带一路"沿线国家 152

9.3 以合资、并购等模式进入"一带一路"沿线国家 ················· 152
9.4 以抱团方式进入"一带一路"沿线国家 ······················· 154
9.5 借助于国有大型企业平台进入"一带一路"沿线国家 ············ 155
9.6 以交通基础设施建设为契机，引导家族企业进入"一带一路"沿线国家 ··· 155
9.7 结合区域特点，引导家族企业进入"一带一路"沿线国家 ········ 156

第十章 "一带一路"背景下家族企业国际化的治理机制研究 ········· 157
10.1 完善促进家族企业国际化的内部治理机制 ···················· 157
10.2 完善促进家族企业国际化的外部治理机制 ···················· 158

参考文献 ·· 162

附录：企业调查问卷 ··· 177

第一章 导论

1.1 家族企业国际化战略及治理行为研究背景

2018年11月1日,习近平总书记在民营企业座谈会上概括中国民营经济具有"五六七八九"的特征,即民营经济贡献了50%以上的税收、60%以上的国内生产总值、70%以上的技术创新成果、80%以上的城镇劳动就业、90%以上的企业数量,充分肯定了民营经济和民营企业在中国改革开放发展中的重要地位和作用。家族企业是中国民营经济和民营企业的重要构成。根据中国民(私)营经济研究会家族企业研究课题组(2011)的调查,若以家族所有权定义,85.4%的中国民营企业是家族企业。家族企业持续成长对于新时代中国民营经济和民营企业高质量发展具有重大现实意义。

2013年9月和10月,习近平总书记分别提出了建设"丝绸之路经济带"和"21世纪海上丝绸之路"倡议。2015年3月28日,国家发展和改革委员会、外交部和商务部联合出台《推动共建丝绸之路经济带和21世纪海上丝绸之路的愿景与行动》,标志着"一带一路"倡议进入实施阶段。"一带一路"倡议遵循共商、共建、共享原则,重点促进政策沟通、道路联通、贸易畅通、资金融通和民心相通的多维度互动,着力构建开放、包容、均衡、普惠的合作架构。政策沟通主要指加强政府间合作,积极构建多层次政府间宏观政策沟通交流机制,深化利益融合,促进政治互信,达成合作新共识,为项目实施提供政策支持;

道路联通主要指加强基础设施的互联互通，加强公路、铁路和水运等交通路线建设，形成覆盖亚洲、非洲、欧洲各区域的交通运输网，保障输气、输油和输电等运输管道的安全等；贸易畅通是"一带一路"建设的重点内容，主要指着力研究解决投资贸易便利化问题，消除投资和贸易壁垒，构建区域内和各国良好的营商环境，积极同沿线国家和地区共商共建自由贸易区，激发合作潜力；资金融通强调深化金融合作，推进亚洲货币稳定体系、投融资体系和信用体系建设，推动亚洲债券市场的开放和发展等；民心相通是加强对外合作交流的重要桥梁，要加大不同国家的文化交流，完善国家旅游体系，增加各国人民的友好往来，扩大学术交流范围，巩固各国友好关系。"一带一路"倡议是中国政府构建全方位开放格局，深度融入世界经济体系的重大倡议。

"一带一路"倡议的提出和实施为中国家族企业国际化的外部环境注入了新的动力，为中国家族企业尤其是"一带一路"沿线中国家族企业国际化提供了新的平台和重大机遇。在"一带一路"倡议及国家"走出去"战略等引领下，近年来越来越多的中国家族企业参与到国际化经营活动中。根据陈凌和窦军生（2017）的研究，2009～2015 年，中国上市家族企业合计发展海外业务收入 7687.94 亿元；上市家族企业的海外业务收入金额逐年攀升，2015 年的海外业务收入总额（1716.86 亿元）是 2009 年海外业务收入总额（436.87 亿元）的近四倍。普华永道咨询公司发布的《2016 年全球家族企业调研报告》则显示，2016 年近 80%的中国内地家族企业出口产品或服务，未来 5 年参与国际销售的家族企业比例将升至 88%。

然而，中国家族企业国际化的快速发展却难掩企业治理体系滞后的现实。例如，根据中国民（私）营经济研究会家族企业研究课题组（2011）的调查，目前中国家族企业治理结构的基本特征是：家族所有者掌握着大部分的企业所有权和管理控制权；绝大多数家族企业没有建立董事会，即使建立了董事会但董事会的规模普遍偏小，而且家族控制董事会的程度依旧较高。理论与实践表明，有效的治理体系决定企业获取国际化所需资源以及处理国际复杂问题的能力（Naldi and Nordqvist，2008），进而影响中国家族企业国际化战略的选择以及家族企业国际化战略的绩效表现。

因此，在"一带一路"倡议提出和实施的背景下，研究中国家族企业国际化战略及治理行为，无疑具有重要的学术价值和实践应用价值。

本书的学术价值主要体现在：结合国际化的资源与能力观、社会情感财富理论、关系/网络理论、产业基础理论和制度理论，研究"一带一路"背景下中国家族企业国际化战略及治理行为，成果有助于弥补目前国内学术界在该领域系统性实证研究成果空白的缺陷，进一步拓展和丰富新兴经济体家族企业国际化理论体系；同时，本书也积累和丰富中国家族企业国际化实证研究的一手资料，为中国家族企业国际化相关问题的实证研究奠定基础。

本书的应用价值主要体现在：为"一带一路"背景下中国家族企业国际化战略选择及治理机制优化提供理论指导与操作模式；为中国各级政府部门指导和推动本地家族企业国际化提供科学的决策依据和策略措施。此外，本书对于促进中国民营经济和民营企业高质量发展、"一带一路"倡议顺利实施等也具有重要现实意义。

1.2 家族企业国际化研究的学术史梳理及研究动态

1.2.1 国外家族企业国际化研究的学术史梳理及研究动态

国外家族企业国际化研究最早可以追溯到 1991 年 Gallo 和 Sveen（1991）发表在《家族企业评论》（*Family Business Review*）上的学术论文《家族企业国际化：促进和限制因素》（*Internationalizing the Family Business: Facilitating and Restraining Factors*），但是，直到 2000 之年后家族企业国际化问题才逐步引起国外学者们的关注。目前，家族企业国际化已成为国外家族企业研究领域中一个热点学术问题。研究主题聚焦于家族企业国际化的影响因素，也涉及国际化过程和国际化的影响结果等方面的内容。

1. 家族企业国际化的影响因素

早期国外文献多讨论个体因素和组织因素对家族企业国际化的影响，这些个体因素和组织因素主要包括：企业家或高管团队人口统计特征与个体特质（风险倾向、认知属性）、国际化知识、管理能力、财务资源、长期导向，以及企业战略目标、企业组织结构、组织文化、企业发展阶段、企业技术水平、企业创新能力等。例如，Gallo 和 Sveen（1991）指出，家族企业国际化的限制因素主要包括：不愿接受外部知识、雇用从事国际化经营的新职业经理人存在困难、害怕失去控制权、信息和控制系统不发达。Gallo 和 Pont（1996）认为，家族企业国际化的限制因素主要包括：产品的国内市场导向、财务资源的缺乏、家族成员缺少国际化准备、管理团队对国际化的抵制、国际化经验的缺乏、不愿意组建战略联盟、家族内部的权力斗争；家族企业国际化的促进因素主要包括：家族成员居住在国外、年轻的家族成员对多极化有所准备、企业长期导向特征、与其他家族企业建立联盟的可能性等。Davis 和 Harveston（2000）发现，IT 行业的技术投资和互联网使用对创业型家族企业国际化具有积极影响，领导人的文化程度越高家族企业越可能寻求国际化扩张机会。Tsang（2001）指出，创始人直觉在华人家族企业国际化战略决策制定过程中具有关键作用。

与早期文献不同，最近 10 多年来，国外文献日益聚焦于家族权力等家族涉入因素对家族企业国际化的影响（Pukall and Calabrò，2014），有关该问题的实证研究得出了正向关系（Zahra，2003；Carr and Bateman，2009）、负向关系（Fernández and Nieto，2005；Graves and Thomas，2006）、U 形和倒 U 形关系（Sciascia et al.，2012；Liang et al.，2014）、不相关（Pinho，2007；Cerrato and Piva，2012）等多种结论。

（1）家族涉入影响家族企业国际化的实证研究。

家族系统对企业系统的涉入是家族企业区别于非家族企业最显著的特征之一。因此，研究家族特征影响家族企业国际化战略决策的一个重要切入点，就是讨论家族涉入（家族权力、家族经验、家族文化）对家族企业国际化的影响。

第一，家族权力对家族企业国际化的影响。实证研究聚焦于家族所有权和家族管理权对家族企业国际化（国际化倾向、国际化程度、国际化模式）的影响。例如，Zahra（2003）对美国制造业 409 家家族企业的实证研究揭示，家族所有权对家族企业国际化程度具有显著的正向影响，家族管理权涉入会进一步强化家族所有权对家族企业国际化程度的正效应。Fernández 和 Nieto（2005）对西班牙 10 579 家中小企业（其中家族企业近 6000 家）的实证研究指出，家族所有权对家族企业出口倾向和出口强度具有显著的负向影响。Pinho（2007）揭示，家族所有权对中小企业国际化模式无显著的影响，即中小家族企业与非家族企业国际市场进入模式不存在明显的差异。Abdellatif 等（2010）对 759 家企业的实证研究发现，国际化过程中的家族企业倾向于选择出口贸易和独资企业等不威胁其独立性的国际化模式，家族企业避免选择合资企业和战略联盟等国际化模式。Cerrato 和 Piva（2012）对意大利制造业 1324 家中小企业的实证研究指出，家族管理权负向影响中小企业出口倾向，但家族管理的中小企业与非家族管理的中小企业出口强度不存在明显的差异。Sciascia 等（2012）基于美国 2007 年 1035 家家族企业的调查发现，家族所有权与家族企业国际创业之间具有显著的倒 U 形关系。Liang 等（2014）对 902 家中国家族企业的实证研究揭示，家族所有权对家族企业国际化具有显著的 U 形影响，家族管理权对家族企业国际化影响曲线呈现显著的倒 U 形。Ray 等（2017）对印度 303 家家族企业的实证研究指出，家族所有权、家族管理权对新兴经济体国家中的家族企业国际化均具有显著的负向影响。

第二，家族经验对家族企业国际化的影响。实证研究文献聚焦于家族后代所有权与管理权涉入、家族涉入或传承代数对家族企业国际化倾向和国际化程度的影响，多数学者认为，家族后代涉入对家族企业国际化具有积极促进作用。例如，Gallo 和 Sveen（1991）最早指出，多代家族企业比创始人领导的家族企业更可能从事国际化经营活动。Fernández 和 Nieto（2005）发现，第二、第三代家族企业比父辈领导的企业具有更大的出口倾向和出口强度。Fang 等（2018）认为，后代家族所有权正向影响家族企业出口强度。Okoroafo（1999）、Okoroafo 和 Koh（2010）则指出，家族后代涉入对家族企业国际化无明显的影响。Graves 和 Thomas（2008）认为，家族后代首席执行官（CEO）并不持有父辈的国际化信念，因此家族后代涉入对家族企业国际化具有显著的负向影响。家族后代涉入对家族企业国际化影响的差异可能是家族几代人之间的关系与目标冲突、愿景与价值观差异、知识与能力变化等造成的（Graves and Thomas，2008；Calabrò et al.，2016；De Massis et al.，2018）。极少数学者还注意到家族企业传承模式对国际化的影响。Shi 等（2019）通过典型案例分析指出，在位者与继承人关系而不是传承事件本身影响家族企业国际化战略，其中，共演式（co-evolutionary）和激进式（revolutionary）传承模式导致继承人对家族企业国际化有强承诺和推进家族企业国际化的自主权；渐进式（evolutionary）传承模式中继承人不太可能进一步推动家族企业国际化扩张。

第三，家族文化对家族企业国际化的影响。家族文化嵌入家族历史和动态演化过程中，主要反映了家族价值观与企业价值观的重叠，以及家族（成员）对企业的忠诚和承诺（Klein et al.，2005）。家族价值观和家族承诺文化影响家族企业国际化战略选择。例如，Swinth 和 Vinton（1993）认为，由于具有家族信任、家族忠诚和家族持续性等相似的价值观，家族企业与家族企业之间建立国际合资企业更可能获得成功。Segaro 等（2014）对芬兰制造部门的 80 家国际化中小家族企业的实证研究发现，家族承诺文化与家族企业国际化程度之间显著负相关，即具有强家族承诺文化的家族企业更倾向于在国内市场从事经营活动。

总体上看，关于家族涉入对家族企业国际化的影响关系，现有实证文献主要关注家族持股比例、家族经理或董事比例、家族后代所有权涉入、家族后代管理权涉入、家族涉入或传承代数、家族承诺文化等少数几个家族涉入变量对家族企业国际化倾向、国际化程度和国际化模式的直接影响，忽视了家族涉入和企业国际化的复杂性、动态性和多维特征；在具体影响结果上，存在正向影响、负向影响、曲线影响和无影响等多种结论。因此，有必要进一步探索家族涉入影响家族企业国际化的内在作用机制。

（2）家族涉入影响家族企业国际化的内在机制。

根据对家族企业国际化文献的梳理发现，家族涉入对家族企业国际化的影响主要通过四种机制发挥作用，这四种机制分别是资源与能力积累、代理与管家行为、关系/网络构建、社会情感财富保护（Pukall and Calabrò，2014）。

第一，基于资源与能力观视角的解释。资源与能力观视角是现有文献中最主要的解释视角。该理论视角关注家族企业独特性资源和能力对企业国际化的作用。对于大多数家族企业而言，国际化资源和能力获取是家族企业国际化扩张的关键。资源观的家族企业理论认为，家族企业区别于非家族企业的独特性资源是"家族性"（familiness）（Pearson et al.，2008）。"家族性"是家族系统涉入企业系统所带来的异质性资源束（Habbershon and Williams，1999）。Sirmon 和 Hitt（2003）进一步将家族资源区分为家族成员的人力资本、社会资本、生存资本、耐心资本和治理结构，这五种资源与旨在促进家族企业国际化扩张的财务资源与管理能力等相联系，影响家族企业国际化战略选择。例如，家族人力资本的消极特征涉及企业高管团队中不能胜任的家族成员、裙带关系和外部优秀人才的有限利用,其积极特征包括家族成员高水平的承诺,温暖的、友好的和亲密的关系,以及家族隐性知识;家族社会资本即共享的语言特别是方言、规范、义务、高水平的信任、有效的社会关系等;生存资本汇聚了有关家族成员借款意愿、贡献或分享企业利益等个人资源;耐心资本建立在长期导向基础上,其劣势是有限的外部财务资源使用;治理结构决定了企业处理国际复杂问题和获取国际化所需资源的能力。

相当多的研究指出,家族涉入影响家族企业的资源和能力积累,进而对家族企业国际化产生消极影响。第一,由于家族人力资本的消极特征,家族企业较少雇用具有国际化知识和技能的职业经理人(Fernández and Nieto,2005;Graves and Thomas,2006);家族领导人对企业的直觉知识,使家族企业严重依赖非正式控制和决策系统(Moores and Mula,2000),这些家族领导人个人知识不足以应对家族企业国际化扩张带来的增大的环境复杂性、组织结构和职业管理体系等变化(Fernández and Nieto,2005;Graves and Thomas,2006)。第二,由于家族耐心资本的劣势,家族企业偏好家族和内部股权融资,避免外部债权和股权融资(Graves and Thomas,2008)。第三,家族企业在社会资本和跨组织网络关系构建方面存在限制(Graves and Thomas,2006),而社会资本和跨组织网络关系提供了家族企业国际化的重要的知识和信息基础。因此,家族企业通常缺少国际化扩张所需的财务资源、管理能力和国际化知识,不利于家族企业国际化扩张,其影响效果会由于家长作风、裙带关系、个人主义和碎片化而加剧(Tsang,2002)。不过,也有研究指出,家族企业的生存资本、耐心资本和治理结构等家族资源有利于家族企业承担国际化的高风险(Carr and Bateman,2009;Segaro,2012),促进家族企业国际化扩张。此外,还有学者指出,中小家族企业与非家族企业国际化资源禀赋和发展没有明显差异(Crick et al.,2006),因此中小家族企业与非家族企业国际化战略之间不存在明显的差异(Pinho,2007;Cerrato and Piva,2012)。

第二,基于代理理论与管家理论视角的解释。家族企业国际化给企业带来的风险将直接影响企业的国际化战略决策。代理理论和管家理论视角强调家族企业风险倾向的影响,风险厌恶不利于家族企业国际化(Graves and Thomas,2006,2008;Claver et al.,2008),风险偏好利于家族企业国际化(Zahra et al.,2005)。

代理理论指出,由于家族委托人大部分的财富与企业相联系且不容易分散资产组合风险(Gómez-Mejía et al.,2007),因此家族企业通常具有保守的态度和风险厌恶特征(Fernández and Nieto,2005)。Claver 等(2008)指出,家族企业比非家族企业在国际化风险上的感受更强烈。面对国际化经营活动带来的增大的风险和不确定性,家族企业具有较低的国际化倾向(Graves and Thomas,2006);同时,在国际化路径和模式选择上,具有风险厌恶特征的家族企业更倾向于选择传统的渐进式国际化路径(Graves and Thomas,2008)和不威胁其独立性的国际化模式。

管家理论认为,家族企业所有者和管理者对企业的强认同将激励其采取管家行为(Davis et al.,1997;Miller et al.,2008)。Miller 等(2008)进一步指出,管家理论能够更好地解释家族涉入与小型家族企业国际化之间的关系;小型家族企业的管家特征通常采取三种形式,即持续性管家行为、对员工的管家行为和对顾客的管家行为。持续性管家行为促使家族所有者更可能把家族企业当作是传给下一代的资产而不是用于消费的财富(Casson,1999),如果国际化与家族企业的长期生存有关,则家族所有者愿意接受具有高风险特征的国际化战略。持续性管家行为也使家族企业注重组织声誉的建立,而这是家族企业进入新市场的关键;对员工的管家行为,强调采取措施培育积极和忠诚的员工,对员工具有更深层次的培训计划;对顾客的管家行为,强调与顾客合作共赢。家族企业的管家行为,将促进家族企业识别和开发国际创业机会,加速国际化过程(Sciascia et al.,2012),提高国外市场销售额(Zahra,2003)。

第三,基于关系/网络理论视角的解释。关系/网络理论视角强调家族企业及创业者关系/网络对企业国际化的作用。Pukall 和 Calabrò(2014)指出,信任和家族社会资本能够促使家族内部决策过程更快速、促进国际化过程的分享和参与愿景等家族内部关系的构建。由于家族系统对企业系统的涉入,家族企业倾向于与外部利益相关者建立网络关系(Miller et al.,2008),这些网络关系提供了家族企业国际化经营活动的知识和信息基础(Basly,2007),有助于家族企业克服国际化知识与信息、财务资源和管理能力不足等劣势,降低国际环境风险和不确定性的冲击。同时,家族企业之间、家族企业与个体(如创业者)之间的网络联系,有助于促进国际机会发现(Brydon and Dana,2011)。但是,Gómez-Mejía 等(2007)、Graves 和 Thomas(2006)指出,家族企业不愿意与国际伙伴建立网络关系。Pukall 和 Calabrò（2014）认为，家族企业创始人或家族经理通常与本地关系网络有较强的个人联系，更愿意在本地进行投资，因此对外直接投资意愿会大大降低。

第四，基于社会情感财富理论视角的解释。自 Gómez-Mejía 等（2007）正式引入社会情感财富（socioemotional wealth，SEW）概念之后，基于社会情感财富理论视角研究家族企业国际化问题成为国外学术界的一个重要研究方向。社会情感财富主要指满足家族情感需要的企业非财务方面的目标（Gómez-Mejía et al.，2007），如家族控制和影响、家族成员对企业的认同、紧密的社会关系、家族成员的情感依恋和家族代际传承意愿（Berrone et al.，2012）。社会情感财富理论认为，家族委托人既不是风险厌恶也不是风险偏好，而是损失厌恶。因此，规避社会情感财富损失，而不是追求企业价值最大化，是家族企业国际化战略决策的重要参照点（Gómez-Mejía et al.，2011；Pukall and Calabrò，2014）。目前，基于社会情感财富理论视角的研究主要从保护社会情感财富视角讨论家族所有权对家族企业国际化的影响，也有极少数学者探讨了社会情感财富对家族企业国际化的直接影响。多数学者认为，保护社会情感财富对家族企业国际化具有消极影响，主要原因是，家族企业国际化经营活动中增大的对国际化知识、管理能力和财务资源的需求，将迫使家族企业依靠更多的非家族经理和外部投资者，而这可能导致家族社会情感财富的损失。因此，为规避社会情感财富损失，家族企业通常会限制国际化战略的使用（Gómez-Mejía et al.，2010）。然而，社会情感财富具有多维度和正负向价值特征（Berrone et al.，2012；Kellermanns et al.，2012），因此社会情感财富对家族企业国际化的影响效应具有不确定性。例如，Dębicki（2012）的实证研究发现，家族企业社会情感财富包括家族声誉、家族义务和家族持续性三个方面，家族声誉对家族企业国际化具有显著的正向影响，家族义务对家族企业国际化具有显著的负向影响，家族持续性对家族企业国际化无显著的影响。

综上所述，按照"家族涉入—国际化水平""家族涉入—国际化过程"这两大研究主题，本章对国外学术界有关家族企业国际化前因研究进行归纳总结，形成了以下整合框架（图1.1）。

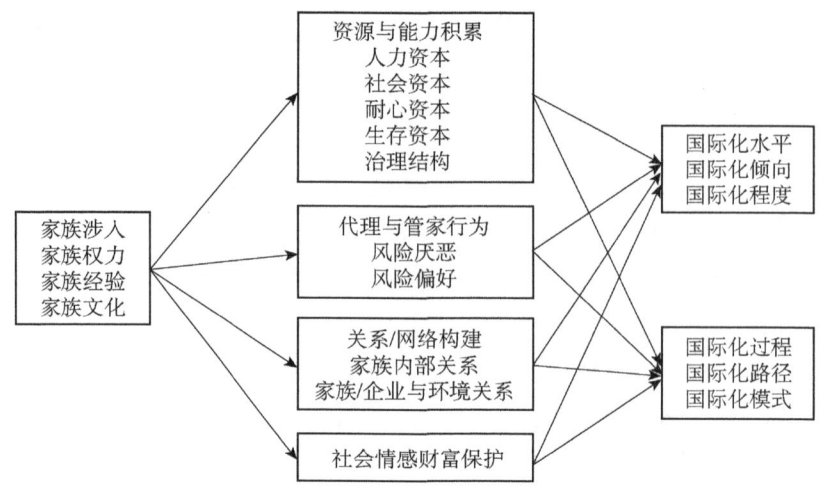

图 1.1　家族涉入影响家族企业国际化的内在机制

2. 家族企业国际化过程

多数国外学者指出，家族企业国际化路径是企业不断提高其涉足外国市场程度的渐进过程，家族企业首先进入地理或文化距离较近的国家，随着家族企业国际化知识和资源等的积累，逐渐扩展到更遥远的国际市场，即遵循乌普萨拉（Uppsala）阶段模型（Claver et al.，2007；Kontinen and Ojala，2012）；但少数中小家族企业在创业之初就从事跨国经营，这些中小家族企业被称为"天生国际化企业"（Graves and Thomas，2008）。

家族企业国际化模式包括出口贸易、合同协议、境外直接投资（新建全资子公司/独资企业、合资企业、跨国并购）和国际战略联盟等多种形式（Zahra and Garvis，2000）。

Graves 和 Thomas（2008）指出，具有风险厌恶特征的家族企业更倾向于选择不威胁其独立性的国际化模式，如出口贸易、合同协议和新建独资企业。Abdellatif 等（2010）发现，国际化过程中家族企业比非家族企业更不愿意进入合资企业。Swinth 和 Vinton（1993）认为，由于具有家族信任、家族忠诚和家族持续性等相似的价值观，家族企业与家族企业之间建立国际合资企业更可能获得成功。Pukall 和 Calabro（2014）强调，由长期导向带来的彼此之间的信任关系，使两个家族企业容易达成战略联盟或合资经营。Pongelli 等（2016）发现，家族所有权结构影响家族企业进入国际市场模式选择的战略决策，比如，高水平的创始人所有权使家族企业更倾向于选择股权和非合作国际市场进入模式,而高水平的多代家族成员所有权使家族企业更倾向于选择股权和合作国际市场进入模式。

3. 家族企业国际化的影响结果

家族企业国际化的影响结果是家族企业国际化研究领域一个相对被忽略的主题。有限的相关研究主要关注家族企业国际化对企业绩效的影响,实证研究得出了不一致的研究结论。例如,Tsao 和 Lien(2013)对 2000~2009 年中国台湾上市家族企业的研究发现,家族企业国际化对企业绩效具有显著的正向影响,家族管理正向调节家族企业国际化与企业绩效之间的关系。Abetti 和 Phan(2004)对意大利家族企业的案例研究也支持了家族企业国际化对企业绩效提升的积极促进作用。Graves 和 Shan(2014)对澳大利亚 1996~1998 年 4217 家非上市中小企业的研究指出,中小企业国际化不利于企业绩效提升,但中小家族企业比非家族企业在国际市场上具有更好的绩效表现。Lu 等(2015)对 225 家中国家族企业的研究发现,家族企业国际化对企业成长具有显著的正向影响,对企业盈利具有显著的负向影响。Banalieva 和 Eddleston(2011)对西欧 202 家企业的研究指出,家族企业的高本地化程度与企业绩效之间存在显著的倒 U 形关系,非家族领导人帮助家族企业从国际化获益。Fernández-Olmos 等(2016)对西班牙家族企业的研究揭示,家族企业国际化与企业绩效具有 W 形曲线关系。

此外,少数国外学者还探讨了家族企业国际化对企业创新、非家族经理雇用等的影响。例如,Zahra(2010)认为,与新企业建立国际战略联盟和合资企业是家族企业学习和创新的关键来源。Kim 等(2004)指出,当面临来自新进入者的威胁时,家族企业集团倾向于与国外合作伙伴通过许可协议和合资企业来获得新知识和技术诀窍。Cerrato 和 Piva(2012)指出,国际化水平提高需要家族企业雇用更高素质的人才来管理国际化活动。Vandekerkhof 等(2015)揭示,当家族企业具有较高国际化程度,尤其是国外销售收入占总销售收入比重达 75%以上时,家族企业更渴望雇用非家族经理。

1.2.2 国内家族企业国际化研究的学术史梳理及研究动态

国内家族企业国际化研究始于苏启林和欧晓明(2003)的开拓性工作。

2003年，苏启林和欧晓明在《外国经济与管理》期刊上发表学术论文《家族企业国际化动因与特征分析——以华人家族企业为例》，揭开了国内家族企业国际化研究的序幕。但是，该领域的研究进展非常缓慢。目前国内学者多采用理论分析或典型案例分析方法，对家族企业国际化现状及特征、国际化路径与模式、国际化影响因素等进行初步探索。研究视角与国外相似，但是，国内学者尤其强调制度理论和产业基础理论视角的分析。

总体上看，中国家族企业国际化以东部地区家族企业为主，国际化水平较低［中国民（私）营经济研究会家族企业研究课题组，2011］。大部分中小家族企业选择逐步国际化的路径，侯旻和顾春梅（2016）则指出许多二代浙商家族企业采用了天生国际化的路径，一些学者还强调家族企业集群式国际化的实现路径（张晓辉和蒋文杰，2010）。家族企业国际化模式主要包括出口、契约、国内合资经营、境外直接投资及国际战略联盟等（吕凡，2009；张晓辉和周蔚，2012）。家族企业国际化受政治环境、政策环境、贸易壁垒、市场环境、国际化知识、管理能力、家族权力、社会情感财富等因素影响。例如，苏启林和欧晓明（2003）指出，华人家族企业国际化动因包括取得国际化经验、培养接班人、分散本土经营风险和政治因素等。张晓辉和周蔚（2006）强调，国际竞争环境变动影响中国家族企业国际化模式选择。张冰和金戈（2007）指出，浙江家族企业开展国际化经营的原因主要包括追求优惠政策、打破贸易壁垒和竞争国际化等。吕凡（2009）强调，所有权结构、人力资源、政府职能、外部竞争等影响广东揭阳家族企业国际化进程。杨建锋等（2008）认为，家族控制导致的保守倾向、独立倾向、极端共存及广泛社交特征，限制和促进了家族企业国际化进程。杨学儒等（2008）指出，家族控制是家族企业国际化创业的驱动和限制因素。

2015年，少数国内学者开始利用中国上市家族企业的样本数据，采用计量分析方法，研究家族权力和社会情感财富等因素对家族企业国际化的影响作用。例如，葛菲等（2015）基于2008～2013年中国上市公司的数据得出，随着组织产出低于目标价值下滑程度提高，家族企业比非家族企业更倾向于选择国际化战略。王增涛和薛丽玲（2018）以深沪交易所上市的289家中国家族企业为研究样本发现，家族权力对家族企业国际化具有消极影响，社会情感财富在家族权力与家族企业国际化过程中起部分中介作用。杨志强和王毅婕（2018）

以 2009～2016 年 926 家中国创业板和中小板上市家族企业为样本的研究揭示，家族所有权负向影响企业国际化倾向。当企业存在政治关联时，家族权力与企业国际化倾向之间的负向关系得到强化。随着机构投资者持股比例增加，家族权力与企业国际化倾向之间的负向关系得到强化。梁强等（2016）对 2003～2013 年中国 A 股 669 家上市家族企业的研究表明，家族企业 CEO 由家族内部人员担任时，家族二代所有权继任对家族企业国际化具有显著的 U 形影响，二代家族成员董事会参与率对家族企业国际化具有显著的负向影响，二代家族成员管理层参与率对家族企业国际化具有显著的正向影响。李艳双等（2018）以 2013～2016 年中国 A 股 1083 家家族企业为研究样本，基于社会情感财富理论视角，指出家族继任意愿正向影响中国上市家族企业国际化。

此外，近年来少数国内学者还探讨了家族企业国际化对企业绩效、环境责任和技术创新的影响。例如，张晓涛等（2017）对在中国 A 股上市的家族企业的实证研究发现，家族企业国际化程度对企业绩效具有显著的负向影响。林哲弘和徐永槟（2014）对台湾家族企业的实证研究揭示，当家族企业的利益一致效果大于权力巩固效果时，家族企业国际多角化经营绩效比非家族企业好。周卫中和赵金龙（2017）利用全国第九次私营企业问卷调查数据的实证研究发现，国际化经营可以促使家族企业更好地履行环境责任，国际化经营也减弱了家族企业对环境责任履行的负效应。陈志军等（2016）对 2010～2013 年中国上市家族企业的实证研究发现，国际化程度对家族企业研发投资具有显著的负向影响，国际化程度也缓和了家族涉入对家族企业研发投资的阻碍作用。张玉明等（2015）对 1745 家上市家族企业的研究也发现，国际化战略缓和了研发投入对家族涉入与企业研发投资关系的阻碍作用。

1.2.3 家族企业国际化研究现状述评

综上所述，目前国内外学术界对家族企业国际化问题的研究尚处于初期探索阶段，现有研究成果至少存在以下缺陷或不足。

（1）从研究内容来看，以探讨家族企业国际化的影响因素为主，对家族企业国际化过程（国际化路径与模式）、国际化结果（国际化与企业绩效关系、国际化与企业创新关系）的研究较少。关于家族企业国际化的影响因素，国外学者聚焦于家族涉入因素的影响，主要讨论家族持股比例、家族经理与董事数量、家族承诺文化、家族后代所有权与管理权涉入、家族涉入或传承代数等少数几个家族涉入变量对家族企业国际化倾向、国际化程度（深度）的影响，忽视了家族涉入的复杂性及企业国际化的多维表现；国内学者则强调制度环境与产业环境等因素影响，相对忽视了家族涉入因素对家族企业国际化影响。

（2）从研究视角来看，国外学者以资源与能力观、代理理论与管家理论、社会情感财富理论视角为主，强调单一理论视角的分析；国内学者以制度理论和产业基础理论视角为主，近几年来出现了社会情感财富理论视角的分析。

（3）从研究对象来看，以欧美家族企业为主，对中国家族企业的研究以东部地区家族企业为主，对中西部地区家族企业的研究较少。

（4）从研究方法来看，国外注重典型案例分析与计量分析相结合；国内以理论分析与典型案例分析为主，近几年来国内出现了少量以上市家族企业为样本的计量分析，但大样本问卷调查与计量分析相结合的实证研究成果几近空白。

1.3 "一带一路"范围的界定

2015年3月28日，国家发展和改革委员会、外交部和商务部出台《推动共建丝绸之路经济带和21世纪海上丝绸之路的愿景与行动》（简称《愿景与行动》），这是"一带一路"倡议的路线和区域版图首次正式公布。《愿景与行动》指出，"丝绸之路经济带"从中国出发主要有三个走向：一是中国经中亚、俄罗斯到达欧洲（波罗的海）；二是中国经中亚、西亚至波斯湾、地中海；三是中国至东南亚、南亚、印度洋。"21世纪海上丝绸之路"的重点路线有两条：一是从中国沿海港口过南海到印度洋，延伸至欧洲；二是从中国沿海港口过南海到南太平洋。

1.3.1 "一带一路"沿线国家的界定

关于"一带一路"沿线国家及区域划分，目前官方并没有严格和明确的界定，国内学术界也尚未有一致性的结论。根据黄群慧（2015）主编的《工业化蓝皮书："一带一路"沿线国家工业化进程报告》，结合地理和地缘因素等，本书界定"一带一路"沿线国家包括65个，划分为6大区域。其中：①东盟10国，包括新加坡、马来西亚、印度尼西亚、缅甸、泰国、老挝、柬埔寨、越南、文莱、菲律宾；②西亚北非18国，包括伊朗、伊拉克、土耳其、叙利亚、约旦、黎巴嫩、以色列、巴勒斯坦、沙特阿拉伯、也门、阿曼、阿拉伯联合酋长国、卡塔尔、科威特、巴林、希腊、塞浦路斯、埃及；③南亚8国，包括印度、巴基斯坦、孟加拉、阿富汗、斯里兰卡、马尔代夫、尼泊尔、不丹；④中亚5国，包括哈萨克斯坦、乌兹别克斯坦、土库曼斯坦、塔吉克斯坦、吉尔吉斯斯坦；⑤独联体及蒙古国8国，包括俄罗斯、白俄罗斯、乌克兰、格鲁吉亚、阿塞拜疆、亚美尼亚、摩尔多瓦、蒙古国；⑥中东欧16国，包括波兰、立陶宛、捷克、拉脱维亚、斯洛伐克、匈牙利、斯洛文尼亚、克罗地亚、波斯尼亚和黑塞哥维那、黑山、塞尔维亚、阿尔巴尼亚、罗马尼亚、保加利亚、北马其顿共和国、爱沙尼亚。

1.3.2 "一带一路"沿线中国重点省份的界定

《愿景与行动》圈定了"一带一路"沿线中国18个重点省（自治区、直辖市）。其中："丝绸之路经济带"包括新疆、陕西、宁夏、甘肃、青海、内蒙古、黑龙江、吉林、辽宁、广西、云南、西藏、重庆13个省（自治区、直辖市）；"21世纪海上丝绸之路"包括上海、福建、浙江、广东、海南5个省（直辖市）。

需要指出的是，"一带一路"不是一个封闭的体系，没有一个绝对的边界，一些在《愿景与行动》中没有提到的省份与沿线国家的贸易往来和人文交流反而更密切，如江苏省和山东省。

1.4 民营企业与家族企业的界定

1.4.1 民营企业的界定

西方市场经济国家经济制度的基础是财产的私人所有制，与私人财产所有制相一致的是私有企业制度,由此西方教科书将企业解释为私人拥有及经营并从事专业化生产的组织(罗伯特·霍尔和马克·利伯曼,2004)。中国的企业产权制度多样化,官方统计中包括国有企业、集体企业、私营企业等。国内学术界主要有 2 种不同的民营企业定义,即广义的民营企业和狭义的民营企业(史晋川,2006)。

广义的民营企业是指除国有企业(国有独资企业、国有控股企业)以外的其余各种经济成分企业的总称,包括个体工商户、私营企业、集体企业、港澳台商投资企业和外商投资企业等。

狭义的民营企业不包括港澳台商投资企业和外商投资企业,即内资的民营企业,包括个体工商户、私营企业、集体企业等。

本研究采用狭义的民营企业定义。其中,私营企业和个体工商户在中国民营企业中占相当大的比例。

1.4.2 家族企业的界定

学术界长期存在对家族企业概念的争论。家族企业是家族系统与企业系统的重叠部分,凡是家族控制的企业都被认为是家族企业,但该定义很难用于定量研究。家族企业的界定需要从家族、企业、所有权三个维度来把握。近年来,学术界认为要从家族意图来界定家族企业。在这样的思路下,有学者认为必须将两代家族成员都在企业进行经营管理作为家族企业的判断标准之一。因此,判断是否是家族企业的标准包括:所有权比重;投票权比重;对企业战略的影响力;管理权;是否多代家族成员参与。此外,以任何单一标准界定家族企业也存在争论。比如,关于所有权比重,一般认为个人或所在家族拥有 50%的企业股权就为控股。但对上市公司而言,有学者提出 20%甚至 15%的股权也能相对控股(Claessens et al.,2002),这样的上市公司也是家族企业。

结合我国的法律规定、以及改革开放 30 多年中国家族企业发展历史不长的现实,中国民(私)营经济研究会家族企业研究课题组(2011)提出了 3 种不同的家族企业定义,即广义的家族企业、狭义的家族企业、严格意义的家族企业。

广义的家族企业从所有权角度界定家族企业,包括两个条件:一是企业由家族所有；二是家族对企业战略方向有影响力。具体而言，广义的家族企业是指个人或者所在家族拥有 50%及以上控股权的企业。

狭义的家族企业从所有权和管理权角度界定家族企业，包括三个条件：一是企业由家族所有；二是家族对企业战略方向有影响力；三是创始人或家族成员参与企业运营。具体而言，狭义的家族企业是指个人或者所在家族拥有 50%及以上控股权、且家族参与管理的企业。

严格意义的家族企业从所有权、管理权和传承角度界定家族企业，包括四个条件：一是企业由家族所有；二是家族对企业战略方向有影响力；三是创始人或家族成员参与企业运营；四是后代参与企业运营。目前国际学术界认为，严格的家族企业定义是指那些至少完成一次传承的企业。

考虑到我国家族企业是在改革开放后才发展起来的，完成换代的企业数量不多。因此，本研究采用广义的家族企业定义，即将个人或者所在家族拥有 50%及以上控股权的企业界定为家族企业。根据广义的家族企业定义，可以得出，家族企业是民营企业的重要构成，家族企业中私营企业和个体工商户占据相当大的比例。

1.5 研究思路与问卷调查分析

1.5.1 研究思路

在家族企业理论、企业国际化理论、家族企业国际化理论等理论基础之上，本书以"一带一路"沿线中国 8 个重点省（直辖市）的家族企业为总体样本，通过文献研究、企业调查等手段，借助于理论分析、典型案例分析、统计与计量分析等分析方法，研究"一带一路"背景下中国家族企业国际化的基本特征、家族企业国际化的影响因素、家族企业国际化对企业绩效的影响、家族企业国际化对创新能力的影响、家族企业国际化路径与模式选择、家族企业国际化的治理机制等问题。具体研究思路如图 1.2 所示。

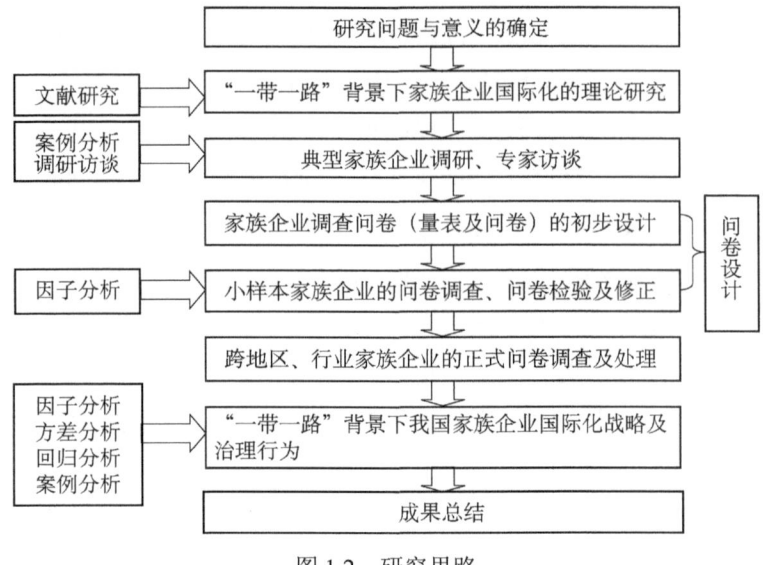

图 1.2 研究思路

1.5.2 研究方法

（1）文献研究。主要是通过图书馆、网络等查阅和梳理国内外家族/民营企业国际化、社会情感财富、家族非经济目标、家族/民营企业治理等领域的最新研究文献；"一带一路"倡议、《企业境外投资管理办法》等政策措施。包括400余篇/部中外文文献，其中，英文文献200余篇，中文文献200余篇/部，对重要英文文献进行了全文翻译或精读，形成相关文献综述。

（2）调研访谈与案例分析。在"一带一路"沿线中国8个重点省（直辖市）选择10家典型家族企业进行深度访谈与案例分析，并访谈了国内家族企业研究领域的3位知名专家，从而设计企业调查问卷；研究家族企业参与"一带一路"建设情况、力帆实业（集团）股份有限公司、万向集团公司等典型家族企业国际化路径与模式选择问题。

（3）问卷调查。问卷调查内容主要涉及三个方面的问题：第一，家族企业国际化现状或基本特征（国际化深度、国际化广度、国际化速度、国际化路径与模式、国际化绩效、参与"一带一路"建设情况）、国际化环境；第二，家族企业的家族涉入（家族权力、家族经验、家族文化）情况、社会情感财富及测评指标体系；第三，家族企业基本情况及成长现状。课题组首先确定了样本家族企业的选择标准：民营企业必须是由某一核心家族所有或控制的企业，即某一核心家族成员持股比例应在 50% 以上；具有出口贸易、境外直接投资等国际业务的民营企业；问卷的填写者为民营企业家及核心管理者。

（4）统计与计量分析。运用描述性统计分析方法（独立样本的 T 检验、单因素方差分析等），展开家族企业国际化的基本特征及比较研究；运用因子分析、多元回归分析等方法，研究家族企业国际化的影响因素、家族企业国际化对企业绩效的影响、家族企业国际化对创新能力的影响、家族企业网络强度、国际市场知识与国际化绩效等。

1.5.3 问卷调查分析

2016 年 8~10 月，课题组以"一带一路"沿线中国 8 个重点省（直辖市）的民营企业家及核心管理者为主要调查对象，共发放调查问卷 350 份，回收调查问卷 342 份，回收率为 97.71%，回收情况较为理想，符合社会调查的基本要求。本研究采用家族持股比例不小于 50% 这一国内学者常用的家族企业界定标准［中国民（私）营经济研究会家族企业研究课题组，2011；何轩等，2014］，最后获得 274 家家族企业样本，有效率为 80.12%。

样本家族企业特征及企业家个体特征被认为与家族企业国际化战略选择存在紧密关系。因此对样本企业特征及企业家特征进行了较全面的分析比较。

1. 企业经营所在地

此次问卷调查涉及"一带一路"沿线中国 8 个重点省（直辖市）。其中，"丝绸之路经济带"和"21 世纪海上丝绸之路经济带"各 4 个重点省（直辖市）。具体情况见表 1.1：浙江样本企业有 106 家，占样本企业总量的 38.7%，主要分布在绍兴、杭州、宁波、诸暨、义乌、永嘉、嘉兴、乐清、湖州、金华等地；上海样本企业有 15 家，占样本企业总量的 5.5%，主要分布在黄浦、闸北等地；福建样本企业有 6 家，占样本企业总量的 2.2%，主要分布在泉州、福州、厦门等地；广东样本企业有 4 家，占样本企业总量的 1.5%，主要分布在佛山等地；重庆样本企业有 100 家，占样本企业总量的 36.5%，主要分布在渝北、万州、江津、璧山、巴南、垫江、永川、石柱、合川、大渡口、南岸、九龙坡、铜梁等地；青海样本企业有 22 家，占样本企业总量的 8.0%，主要分布在西宁、海南、海东等地；陕西样本企业有 13 家，占样本企业总量的 4.7%，主要分布在西安、咸阳等地；云南样本企业有 8 家，占样本企业总量的 2.9%，主要分布在昆明、禄丰等地。

表 1.1　企业经营所在地分类比较

所在地	企业数	比重（%）
浙江	106	38.7
上海	15	5.5
福建	6	2.2
广东	4	1.5
重庆	100	36.5
青海	22	8.0
陕西	13	4.7
云南	8	2.9
合计	274	100.0

2. 行业属性

此次问卷调查涉及 4 个行业，但主要集中在制造业（表 1.2）。其中，制造业样本企业有 212 家，占样本企业总量的 77.4%；服务业样本企业有 46 家，占样本企业总量的 16.8%；农林牧渔业样本企业有 12 家，占样本企业总量的 4.4%；建筑业样本企业有 4 家，占样本企业总量的 1.5%。

表 1.2　行业分布分类比较

行业	企业数	比重（%）
制造业	212	77.4
服务业	46	16.8
农林牧渔业	12	4.4
建筑业	4	1.5
合计	274	100.0

3. 企业规模

此次问卷调查主要采用 2015 年底的企业资产总额和企业员工人数来测量企业规模。为获得企业规模的具体数据，本研究采取了由问卷回答者直接填写的方式，具体处理结果是：样本企业的平均资产规模为 57 296.0 万元，但最大值达到 10 000 000.0 万元，最小值仅有 41.6 万元，不同样本企业之间的资产规模相差较大；样本企业的平均员工规模为 283.75 人，但最大值达到 15 000 人，最小值仅有 3 人，不同企业之间的员工规模相差较大（表 1.3）。

表 1.3　企业规模

	资产总额（万元）	员工人数（人）
均值	57 296.0	283.75
标准差	606 653	1 141.95
最大值	10 000 000.0	15 000
最小值	41.6	3
合计	274	

从分类统计可以看出（表 1.4），企业资产总额在 500 万元及以下的样本企业有 42 家，占样本企业总量的 15.3%；企业资产总额在 501 万～1000 万元的样本企业有 26 家，占样本企业总量的 9.5%；企业资产总额在 1001 万～3000 万元的样本企业有 43 家，占样本企业总量的 15.7%；企业资产总额在 3001 万～5000 万元的样本企业有 26 家，占样本企业总量的 9.5%；企业资产总额在 5001 万元及以上的样本企业有 137 家，占样本企业总量的 50.0%。企业员工人数在 50 人及以下的样本企业有 134 家，占样本企业总量的 48.9%；企业员工人数在 51～200 人的样本企业有 80 家，占样本企业总量的 29.2%；企业员工人数在 201～300 人的样本企业有 18 家，占样本企业总量的 6.6%；企业员工人数在 301 人及以上的样本企业有 42 家，占样本企业总量的 15.3%。

表 1.4　企业规模分类比较

资产总额（万元）	企业数	比重（%）	员工人数（人）	企业数	比重（%）
500 及以下	42	15.3	50 及以下	134	48.9
501～1000	26	9.5	51～200	80	29.2
1001～3000	43	15.7	201～300	18	6.6
3001～5000	26	9.5	301 及以上	42	15.3
5001 及以上	137	50.0	合计	274	100.0
合计	274	100.0			

4. 企业年限

本研究以企业创建至 2016 年的时间长度来测量企业年限，为了获得企业年限的具体数据，本研究采取了由问卷回答者直接填写的方式。具体处理结果是：样本企业的平均年限为 11.79 年，其中，最长企业年限达到 65 年，最短企业年限仅有 1 年。从分类统计来看，企业年限在 5 年及以下的样本企业有 50

家，占样本企业总量的18.2%；企业年限在6~10年的样本企业有89家，占样本企业总量的32.5%；企业年限在11~19年的样本企业有101家，占样本企业总量的36.9%；企业年限在20年及以上的样本企业有34家，占样本企业总量的12.4%（表1.5）。

表1.5 企业年限及分类比较

企业年限统计值（年）		企业年限（年）	企业数	比重（%）
均值	11.79	5及以下	50	18.2
标准差	7.69	6~10	89	32.5
最大值	65	11~19	101	36.9
最小值	1	20及以上	34	12.4
合计	274	合计	274	100.0

5. 企业家特质

本研究对企业家特质的调查包括企业家的性别、年龄、文化程度、行业工作经验四个方面的内容。统计分析结果如下。

第一，样本企业家性别以男性为主，企业家性别为男性的样本企业共229家，占样本企业总量的83.9%；企业家性别为女性的样本企业仅有44家，占样本企业总量的16.1%（表1.6）。

表1.6 企业家特质分类比较（性别）

性别	企业数	比重（%）
男	229	83.9
女	44	16.1
合计	273	100.0
缺失	1	

第二，样本企业家年龄分布集中在36~55岁，此类样本企业共有211家，占样本企业总量的77.0%。其中，企业家年龄分布在36~45岁的样本企业有128家，占样本企业总量的46.7%；企业家年龄分布在46~55岁的样本企业有83家，占样本企业总量的30.3%。企业家年龄分布在35岁及以下或56岁及以上的样本企业分别有37家和26家，各占样本企业总量的13.5%和9.5%（表1.7）。这表明现阶段中国绝大多数家族企业仍为第一代即创始人所有，而老一辈企业家还是希望自己的接班人比较老成持重。

表 1.7　企业家特质分类比较（年龄）

年龄（岁）	企业数	比重（%）
35 及以下	37	13.5
36~45	128	46.7
46~55	83	30.3
56 及以上	26	9.5
合计	274	100.0

第三，样本企业的企业家文化程度集中在高中（中专）至大学文化水平。其中，企业家为高中（中专）文化程度的样本企业有 70 家，占样本企业总量的 25.5%；企业家为大专文化程度的样本企业有 75 家，占样本企业总量的 27.4%；企业家为大学文化程度的样本企业有 92 家，占样本企业总量的 33.6%；企业家为研究生文化程度的样本企业有 21 家，占样本企业总量的 7.7；企业家为初中文化程度的样本企业有 13 家，占样本企业总量的 4.7%；企业家为小学及以下文化程度的样本企业仅有 3 家，占样本企业总量的 1.1%（表 1.8）。

表 1.8　企业家特质分类比较（文化程度）

文化程度	企业数	比重（%）
小学及以下	3	1.1
初中	13	4.7
高中（中专）	70	25.5
大专	75	27.4
大学	92	33.6
研究生	21	7.7
合计	274	100.0

第四，样本企业的企业家行业工作经验集中在 4 年以上，此类企业共有 260 家，占样本企业总量的 94.9%。其中，企业家行业工作经验在 4~8 年的样本企业有 58 家，占样本企业总量的 21.2%；企业家行业工作经验在 9~14 年的样本企业有 93 家，占样本企业总量的 33.9%；企业家行业工作经验在 15 年以上的样本企业有 109 家，占样本企业总量的 39.8%；而企业家行业工作经验在 1~3 年

的样本企业仅有 14 家，占样本企业总量的 5.1%（表 1.9）。

表 1.9 企业家特质分类比较（行业工作经验）

行业工作经验（年）	企业数	比重（%）
1～3	14	5.1
4～8	58	21.2
9～14	93	33.9
15 以上	109	39.8
合计	274	100.0

6. 家族涉入程度

对家族涉入程度的调查，本研究采用了家族所有权、家族管理权、家族代际传承情况来测量。其中，家族所有权采用企业主及家族成员持有的股份占企业股份总数的比重来测量；家族管理权采用企业高管团队家族成员比重、企业总经理或总裁是否由企业主或企业主的家族成员担任来测量；家族代际传承情况采用家族企业是否由第一代所有或第一代管理来测量。统计结果如下。

第一，从家族所有权来看，样本企业企业主及家族成员平均持股比重为 85.14%，其中最大持股比例达 100%。从分类统计来看，企业主及家族成员持股比重在 50%～70% 的样本企业有 72 家，占样本企业总量的 26.3%；企业主及家族成员持股比重在 71%～99% 的样本企业有 61 家，占样本企业总量的 22.3%；企业主及家族成员持股比重为 100% 的样本企业有 141 家，占样本企业总量的 51.5%（表 1.10）。这与中国绝大多数企业主完全掌握家族企业所有权的实际情况比较吻合。

第二，从家族管理权来看，高管团队家族成员比重集中在 0～20% 的样本企业有 112 家，占样本企业总量的 41.2%；高管团队家族成员比重在 21%～50%、51%～80%、80% 以上的样本企业分别有 44 家、43 家和 52 家，各占样本企业总量的 16.2%、15.8% 和 19.1%；高管团队完全由非家族成员占据的样本企业仅有 21 家，占样本企业总量的 7.7%（表 1.11）。企业总经理或总裁由企业主或家族成员担任的样本企业有 207 家，占样本企业总量的 75.5%；非家族成员担任总经理或总裁的样本企业仅有 67 家，占样本企业总量的 24.5%（表 1.12）。

表1.10 家族所有权及分类比较

企业主及家族持股比重统计值（%）		企业主及家族持股比重（%）	企业数	比重（%）
均值	85.14	50～70	72	26.3
标准差	18.47	71～99	61	22.3
最大值	100.00	100	141	51.5
最小值	50.00	合计	274	100.0
合计	274			

表1.11 家族管理权分类比较（高管团队情况）

高管团队家族成员比重（%）	企业数	比重（%）
0	21	7.7
0～20	112	41.2
21～50	44	16.2
51～80	43	15.8
80以上	52	19.1
合计	272	100.0
缺失	2	

表1.12 家族管理权分类比较总经理或总裁人选

总经理或总裁由企业主或家族成员担任情况	企业数	比重（%）
是	207	75.5
否	67	24.5
合计	274	100.0

第三，从家族代际传承情况来看（表1.13），由第一代（创业者）所有的样本企业有241家，占样本企业总量的88.3%，由家族后代所有的样本企业仅有32家，占样本企业总量的11.7%；由第一代（创业者）管理的样本企业有239家，占样本企业总量的87.5%，由家族后代管理的样本企业仅有34家，占样本企业总量的12.5%。这与中国多数家族企业成立于20世纪90年代初期、并且绝大多数家族企业仍然由创始人控制的实际情况相吻合。

表1.13 家族代数及分类比较

	企业由第一代创业者所有		企业由第一代创业者管理	
	企业数	比重（%）	企业数	比重（%）
是	241	88.3	239	87.5
否	32	11.7	34	12.5
合计	273	100.0	273	100.0
缺失	1		1	

第二章 家族企业国际化的基本特征及比较研究

2.1 引 言

家族企业是中国民营企业的主要构成,而国际化则是全球化经济背景下家族企业持续成长的重要路径(Holt,2012)。近年来,随着国家"走出去"战略的制定和实施,特别是"一带一路"倡议的提出和实施,为中国尤其是中国沿线地区家族企业国际化提供了重大机遇。那么,在"一带一路"倡议提出和实施等背景下,中国家族企业国际化具有哪些基本的特征?不同类型的家族企业国际化基本特征是否存在明显的差异?

对此,本章将主要利用 2016 年 8~10 月课题组对"一带一路"沿线中国 8 个重点省(直辖市)274 家具有国际业务(出口贸易、境外直接投资等)的样本家族企业的问卷调查数据,采用描述性统计分析方法(独立样本的 T 检验、单因素方差分析等),结合典型案例分析以及文献研究等方法,探讨现阶段中国家族企业国际化的基本特征,包括家族企业参与"一带一路"建设情况,并从企业内外部环境角度进行比较,以期对"一带一路"倡议提出和实施等背景下的中国家族企业国际化基本特征有一个初步的认识与把握。

2.2 家族企业国际化的基本特征

本章对家族企业国际化基本特征的分析,主要从家族企业国际化深度、国际化广度、国际化速度、国际化模式、国际化绩效及家族企业参与"一带一路"建设情况六个方面展开分析。

2.2.1 家族企业国际化深度

企业国际化深度(internationalization depth)反映了企业国际市场的承诺或嵌入程度(Casillas and Acedo,2013;Kafouros et al.,2012)。目前国内外学术界对企业国际化深度的测量主要采用了基于业绩的国际化深度指标,最具代表性的指标有:企业海外销售额占总销售额的比重(FSTS)、企业海外资产占总资产的比重(FATA)和企业海外雇员占总雇员的比重(FETE)(陈立敏,2014)。本章选择 2015 年企业出口收入占当年总销售收入比重作为家族企业国际化深度的测量指标,该指标是最常用和最直接的反映家族企业国际化深度的指标,并且具有良好的数据可得性,因而被国内外学者广泛采用(陈立敏,2014)。统计结果见表 2.1。

表 2.1 2015 年家族企业出口收入占总销售收入比重及分类比较

出口收入占总销售收入比重统计值	(%)	出口收入占总销售收入比重(%)	企业数	比重(%)
均值	45.87	0	17	6.2
标准差	38.50	0~10	71	25.9
最大值	100.00	11~25	33	12.0
最小值	0.00	26~50	38	13.9
合计	274	51~75	19	6.9
		75 以上	96	35.0
		合计	274	100.0

表 2.1 揭示,现阶段中国家族企业国际化深度较小,并且差异较大。例如,2015 年,在 274 份具有国际业务的家族企业样本中,涉及出口贸易的家族企业有 257 家,占样本企业总量的 93.8%,无出口贸易的家族企业仅有 17 家,占样

本企业总量的 6.2%；样本家族企业出口收入占当年总销售收入比重平均为 45.87%，其中最大值为 100%，最小值仅为 0%。从分类统计来看，企业出口收入占当年总销售收入比重在 0%～10%、11%～25%、26%～50%、51%～75% 和 75% 以上样本家族企业分别有 71 家、33 家、38 家、19 家和 96 家，各占样本企业总量的 25.9%、12.0%、13.9%、6.9% 和 35.0%。

2.2.2　家族企业国际化广度

企业国际化广度（internationalization breadth）是指企业国际化所涉及的海外市场的广泛程度，通常定义为企业国际化经营活动所涉及的国家数量（Casillas and Acedo，2013；Kafouros et al.，2012）。国际化广度最具代表性的指标主要有：企业海外子公司占全部子公司的比重、企业海外子公司数量和企业海外子公司分布国的数量（陈立敏，2014）。

中国家族企业以中小企业为主体，在海外建立子公司或分支机构的家族企业数量很少。因此，本章对家族企业国际化广度的衡量，主要采用了两类指标：一是 2015 年企业出口产品和境外投资所涉及的国家和地区的数量；二是 2015 年企业出口产品的销售区域。统计结果如下。

第一，中国家族企业国际化广度较小，并且差异较大。表 2.2 显示，2015 年，中国家族企业出口产品和境外投资涉及的国家和地区数量平均为 5.95 个，其中，最大值达到 53 个，最小值仅 1 个。从分类统计来看，出口产品和境外投资涉及 2 个及以下国家和地区的样本家族企业有 112 家，占样本企业总量的 42.3%；出口产品和境外投资涉及 3～5 个国家和地区的样本家族企业有 83 家，占样本企业总量的 31.3%；出口产品和境外投资涉及 6～8 个国家和地区的样本家族企业有 33 家，占样本企业总量的 12.5%；出口产品和境外投资涉及 9 个及以上国家和地区的样本家族企业有 37 家，占样本企业总量的 14.0%。

第二，中国家族企业出口产品的销售区域以亚洲和欧洲为主，分别有 174 家和 124 家样本家族企业对此进行了选择，各占样本企业总量的 67.18% 和 47.88%；其他出口区域排序分别是北美洲、南美洲、非洲和大洋洲，分别有 66 家、56 家、55 家和 19 家样本家族企业对此进行了选择，各占样本企业总量的 25.48%、21.62%、21.23% 和 7.34%（表 2.3）。以上分析表明：尽管目前中国家族企业出口产品已经分布在全世界很多国家和地区，但家族企业出口产品的销售区域以亚洲和欧洲为主,"一带一路"沿线国家仍然是中国家族企业"走出去"的重点区域。

表 2.2　2015 年家族企业出口产品和境外投资所涉及的国家/地区数

国家/地区数统计值(个)		国家/地区数	企业数	比重(%)
均值	5.95	2 个及以下	112	42.3
标准差	9.19	3~5 个	83	31.3
最大值	53	6~8 个	33	12.5
最小值	1	9 个及以上	37	14.0
合计	265	合计	265	100.0
缺失	9	缺失	9	

表 2.3　2015 年家族企业出口产品的销售区域

销售区域	选项个数	比重(%)
亚洲	174	67.18
欧洲	124	47.88
北美洲	66	25.48
南美洲	56	21.62
非洲	55	21.23
大洋洲	19	7.34
有效问卷	259	—
缺失	1	

2.2.3　家族企业国际化速度

国内外学术界对企业国际化速度(internationalization speed)的测量,主要包括国际化初始速度、进入海外市场之后的国际化速度两类指标,其中,进入海外市场之后的国际化速度又可区分为基于深度的国际化速度和基于广度的国际化速度两种不同类型(王益民等,2017)。本章对家族企业国际化速度的测量采用了两类指标:一是国际化初始速度,借鉴了 Oviatt 和 McDougall(2005)的研究成果,采用企业首次进军海外市场的年份减去企业成立年份所得的时间差来测量,该时间差越小,表明家族企业国际化的初始进入速度越快;二是基于主观评价的家族企业国际化速度,采用"与主要竞争对手相比企业国际化的步伐"来测量,包括"很慢""较慢""一般""较快""很快"5 个等级,分别赋值 1~5,分值越高,表明家族企业国际化速度越快。统计结果如下。

第一，从国际化初始速度来看，中国家族企业国际化初始速度较快，并且差异较大。例如，在262份有效样本问卷中，家族企业国际化的初始速度平均为3.91年，但最大值达62年，最小值仅为0年，即家族企业创建时就进军国际市场。从分类统计来看，企业创建时进军国际市场的样本家族企业有95家，占样本企业总量的36.3%；企业创建1~3年进军国际市场的样本家族企业有81家，占样本企业总量的30.9%；企业创建4~6年进军国际市场的样本家族企业有39家，占样本企业总量的14.9%；企业创建7年及以上进军国际市场的样本家族企业有47家，占样本企业总量的17.9%（表2.4）。

表2.4 家族企业国际化初始速度及分类比较

初始速度统计值		初始速度	企业数	比重（%）
均值	3.91	0年	95	36.3
标准差	6.68	1~3年	81	30.9
最大值	62	4~6年	39	14.9
最小值	0	7年及以上	47	17.9
合计	262	合计	262	100.0
缺失	12	缺失	12	

第二，从国际化步伐来看，中国家族企业国际化步伐一般或较慢。在270份具有国际业务的有效样本问卷中，分别有54家和144家样本家族企业选择其国际化步伐慢或一般，各占样本企业总量的20%和53.3%；仅有72家样本家族企业选择其国际化步伐较快或很快，占样本企业总量的26.5%（表2.5）。

表2.5 家族企业国际化速度及分类比较

步伐统计值		步伐	企业数	比重（%）
均值	3.02	很慢	15	5.6
标准差	0.81	较慢	39	14.4
最大值	5	一般	144	53.3
最小值	1	较快	70	25.8
合计	270	很快	2	0.7
缺失	4	合计	270	100.0
		缺失	4	

以上分析表明，中国家族企业首次进入国际市场的速度较快，这部分家族企业可能是一些"天生国际化企业"（Graves and Thomas，2008），即家族企业

在创立之初就从事国际化经营活动；但是，中国家族企业首次进入国际市场之后的国际化步伐较慢或一般，大部分家族企业会选择一条渐进式的国际化道路（Claver et al., 2007；Kontinen and Ojala, 2012）。近年来，在国家"走出去"战略、"一带一路"倡议等的引导下，越来越多的中国家族企业开始加快其国际化进程，"天生国际化"家族企业等正大量涌现，对传统的国际化理论形成了巨大的冲击。

2.2.4 家族企业国际化模式

企业国际化模式反映了企业进入国际市场的形式。企业参与国际化的模式多种多样，如出口贸易、合同协议、境外直接投资（绿地投资、跨国并购）和国际战略联盟等。统计结果如下。

中国家族企业国际市场进入模式以出口贸易为主；家族企业选择合同协议、在境外设立销售机构进入国际市场的较少；受企业规模和能力等因素的限制，家族企业很少在境外建立合资企业、独资企业和在境外设立研发机构。例如，在270家具有国际业务的样本家族企业中，有261家样本家族企业选择了出口贸易，占样本企业总量的96.67%；选择合同协议和在境外设立销售机构的样本家族企业分别有52家和43家，各占样本企业总量的19.26%和15.93%；在境外建立合资企业或独资企业的家族企业很少，仅分别有13家和13家样本家族企业进行了选择，各占样本企业总量的4.81%和4.81%（表2.6）。该研究在一定程度上证实了Abdellatif等（2010）的研究结论，即家族企业倾向于选择不威胁其独立性的国际化模式，避免选择威胁其独立性的国际化模式；此外，以中小企业为主体的中国家族企业很少在境外设立研发机构，如在270家具有国际业务的样本家族企业中，仅有7家样本家族企业对此进行了选择，占样本企业总量的2.59%。

进一步分析发现（表2.7），2015年，仅40家样本家族企业涉及境外直接投资，占样本企业总量的14.7%，不具有境外直接投资业务的样本家族企业有232家，占样本企业总量的85.3%。从分类统计来看，样本家族企业境外直接投资的次数集中在1~2次，占样本企业总量的12.5%，具有3次及以上境外直接投资经历的样本家族企业较少，仅占样本企业总量的2.2%；样本家族企业境外直接投资占企业总投资比重的差异较大，其中最大值为100%，最小值为0%；在境外设立销售机构是家族企业境外直接投资的主要目的,而跨国并购和在境外建工厂也成为家族企业境外直接投资的重要目的。例如,在40家涉及境外直接投资的样本家族企业中,境外直接投资用于在境外设立销售机构的样本家族企业占65%,境外直接投资用于收购或参股企业的样本家族企业占30%,境外直接投资用于在境外建立工厂的样本家族企业占20%(表2.8)。

表2.6 家族企业国际化模式

国际化模式	选项个数	比重(%)
出口贸易	261	96.67
合同协议	52	19.26
在境外设立销售机构	43	15.93
在境外设立研发机构	7	2.59
建立合资企业	13	4.81
建立独资企业	13	4.81
其他	2	0.07
有效问卷	270	—
缺失	4	

表2.7 2015年家族企业境外直接投资次数及比重

境外直接投资次数(次)	企业数	比重(%)	投资比重统计值	(%)
0	232	85.3	均值	3.98
1	20	7.4	标准差	12.06
2	14	5.1	最大值	100.00
3	5	1.8	最小值	0.00
4以上	1	0.4	合计	270
合计	272	100.0	缺失	4
缺失	2			

表2.8 2015年家族企业境外直接投资目的

境外投资目的	选项个数	比重(%)
建立工厂	8	20.0
收购或参股企业	12	30.0
在境外设立销售机构	26	65.0
在境外设立研发机构	2	5.0
合计	40	

2.2.5 家族企业国际化绩效

本章对家族企业国际化绩效的测量，借鉴了 Zahra 和 Garvis（2000）量表，包括 4 个测量题项，分别是：与同行主要竞争对手相比，企业近 3 年的海外销售额增长、海外利润增长、海外市场份额增长和海外市场投资回报率情况。各变量采用利克特量表衡量，取值 1～5，分别表示"非常不满意""不太满意""一般""比较满意""非常满意"。探索性因子分析显示，量表的 KMO 为 0.848，变量的累计解释量达 78.041%；信度系数 Cronbach α 为 0.906。这表明量表具有良好的信度和效度。统计结果如下。

总体上看，现阶段中国家族企业国际化绩效表现一般，在各类绩效指标中，比较而言，家族企业海外市场投资回报率的表现更差。例如，在 271 家具有国际业务的样本家族企业中，对"近 3 年海外销售额增长、海外利润增长、海外市场份额增长和海外市场投资回报率"满意的样本家族企业分别有 80 家、76 家、75 家和 55 家，各占样本企业总量的 29.5%、28.0%、27.7%和 20.3%（表 2.9）；从均值来看，近"3 年样本家族企业的海外销售额增长、海外利润增长、海外市场份额增长和海外市场投资回报率"的均值分别为 3.0812、3.0812、3.0332 和 2.9077（表 2.10）。

表 2.9 家族企业国际化绩效

国际化绩效	海外销售额增长		海外利润增长		海外市场份额增长		海外市场投资回报率	
	样本量（个）	比重（%）	样本量（个）	比重（%）	样本量（个）	比重（%）	样本量（个）	比重（%）
非常不满意	11	4.1	11	4.1	14	5.2	18	6.6
不太满意	52	19.2	48	17.7	55	20.3	54	19.9
一般	128	47.2	136	50.2	127	46.9	144	53.1
比较满意	64	23.6	60	22.1	58	21.4	45	16.6
非常满意	16	5.9	16	5.9	17	6.3	10	3.7
合计	271	100.0	271	100.0	271	100.0	271	100.0
缺失	3		3		3		3	

表 2.10 家族企业国际化绩效

国际化绩效	样本量	均值	标准差	最小值	最大值
海外销售额增长	271	3.0812	0.90720	1	5
海外利润增长	271	3.0812	0.89072	1	5
海外市场份额增长	271	3.0332	0.93631	1	5
海外市场投资回报率	271	2.9077	0.87917	1	5

2.2.6 家族企业参与"一带一路"建设情况

本小节简要分析了中国家族企业参与"一带一路"建设的意愿、总体情况和主要模式,以期在一定程度上揭示"一带一路"背景下中国家族企业国际化的基本特征。

1. 家族企业参与"一带一路"建设的愿望

问卷调查揭示,目前以中小企业为主体的中国家族企业对于参与"一带一路"建设愿望强烈。例如,在具有国际业务的 274 家样本家族企业中,有 219 家样本家族企业都表达出参与"一带一路"建设的愿望,占样本企业总量的 79.93%;仅有 55 家样本家族企业没有明显地表达出参与"一带一路"建设的愿望,占样本企业总量的 20.07%。

2. 家族企业参与"一带一路"建设的总体情况

目前,中国家族企业与"一带一路"沿线国家的经济往来以进出口贸易为主,对"一带一路"沿线国家直接投资的比重较小,并且直接投资主要分布在中国周边国家,行业集中于资源密集型行业,跨国并购正在成为中国家族企业对外投资的主要方式。根据中华人民共和国商务部网站(www.mofcom.gov.cn)发布的统计数据,2018 年中国企业对"一带一路"沿线的 56 个国家实现非金融类直接投资 156.4 亿美元,占同期中国非金融类直接投资总额的 13%;对外投资主要流向租赁和商务服务业、制造业、批发和零售业、采矿业,占比分别为 37%、15.6%、8.8%和 7.7%。2016 年中国私营企业(绝大多数为家族企业)对制造业、高科技产业、媒体娱乐服务业分别实施并购项目 141 起、92 起和 55 起,分别占中国境外并购总数的 18.4%、12.0%和 7.2%。根据中国全球投资追踪(CGIT)数据库数据,2016 年中国私营企业对"一带一路"沿线国家的能源、房地产和交通运输行业的直接投资占私营企业总投资比重分别为 15.79%、15.79%和 10.53%。目前,中国"一带一路"建设以基础设施项目为主,国有企业特别是中央企业是"一带一路"建设的主要参与者,而以中小企业为主体的家族企业只能发挥补充作用。总体上看,中国家族企业直接参与"一带一路"建设尤其是基础设施项目建设的程度不高。其原因可能是多方面的,主要包括如下 5 种。

(1) 家族企业参与"一带一路"建设的风险较高。"一带一路"沿线国家多为经济欠发达的发展中国家,宗教冲突与民族冲突严重、政局动荡、投资和营商环境不完善、法律体系不健全和执法不严等，一些国家在国家安全、反垄断、环境保护、劳工、税收及行业准入等方面政策法规不连贯，家族企业进入这些国家将面临政治、商业和法律等风险；同时，"一带一路"倡议背后也涉及中美、中俄、中印和中日等大国之间的利益博弈问题，中外关系不稳定风险给中国家族企业进入"一带一路"沿线国家带来了风险。目前，中国对民营企业海外投资进行管理的政府机构有国家发展和改革委员会、商务部及国家外汇管理局等部门，通常只有事前审批，缺少事中和事后的服务和保护。家族企业所面临的商务环境不完善等风险只能由自己承担后果。但是，由于企业自身规模和能力限制，家族企业自身的风险应对与处置能力不足。从而使得中国在"一带一路"沿线国家的投资主体更多的是国有资本，民营资本相对较少。

（2）家族企业很难获得"一带一路"建设的支持资金、优惠政策及政策信息。比如，国家在"一带一路"建设上提供的政策性金融贷款，对于大型国有企业优惠幅度大，而一些家族企业甚至无法获得优惠，一部分有实力的家族企业即使能够获得优惠，资金成本也高于国有企业。

（3）家族企业参与"一带一路"建设的中介服务体系不健全。目前，中国缺乏支持"一带一路"建设的金融类、法律类和咨询类中介服务机构。一些有国际影响力的会计师事务所、律师事务所等中介服务机构的服务范围依然集中在传统的领域，并且费用较为高昂，已有的中介服务机构普遍缺乏对"一带一路"沿线国家进行法律审查、资产评估等方面的经验和能力，也缺乏高效的信息渠道和服务平台，无法满足家族企业参与"一带一路"建设的需要。

（4）家族企业核心竞争力不强，国际产能合作市场相对狭小。大部分中小家族企业对于如何拓展海外市场、转移过剩产能等缺乏经验，同时家族企业参与"一带一路"产能合作没有关键核心技术和高端产品的输出，长期在被俘获的全球价值链中从事国际代工，缺乏自主品牌和国际销售渠道，更没有形成有认知度的国际品牌。

（5）家族企业参与"一带一路"建设的国际化专业人才缺乏。中国传统的国际人才培养多面向欧美等西方发达国家，无法满足"一带一路"沿线多个国家的人才需求；同时，家族这一特殊的社会组织对企业组织的涉入，导致家族企业通常不愿意雇用具有国际化知识和技能的职业经理人（Gómez-Mejía et al.，2011）；家族企业通常与不公平的人力资源实践相联系，导致非家族成员的职业经理人也不愿意在家族企业工作。因此，家族企业通常缺乏参与"一带一路"建设的国际化专业人才。

3. 家族企业参与"一带一路"建设的主要模式

根据问卷调查、典型案例访谈和文献研究，目前中国家族企业参与"一带一路"建设的模式主要有以下六种类型。

（1）出口贸易。通过出口贸易的方式将商品或服务直接销售到"一带一路"沿线国家，这是中国家族企业进入"一带一路"沿线国家的基本模式，也是相对最容易和成本最低的家族企业国际市场进入模式，初期还包括通过中间商/代理商间接出口，许多服装、纺织、玩具、小五金产品和家用电器等行业的家族企业主要以这种方式进入"一带一路"沿线市场。

（2）跨国并购和绿地投资。通过跨国并购获取发达国家先进企业的研发、技术和品牌等战略资产是家族企业"走出去"最受欢迎的方式之一，尤其是"一带一路"倡议提出以来，中国家族企业在东南亚、南亚和欧洲等沿线国家的跨境并购数量明显增加，并购行业主要集中在汽车制造、制药和物流等领域，并购目的也逐渐从资源驱动向核心能力驱动拓展。典型例证包括：2017年6月吉利控股集团并购马来西亚DRB-HICOM集团旗下宝腾汽车（PROTON）49.9%和豪华跑车品牌路特斯（Lotus）51%的股份；2017年9月上海复星医药（集团）股份有限公司并购印度GlandPharma制药公司74%股份；2016年6月美的集团并购意大利Clivet80%的股权和相关资产，以及德国库卡集团94%的股权。

绿地投资的主体多为劳动密集型和资源密集型家族企业，一般以获得原材料和劳动力为主要目的，利用"一带一路"沿线国家丰富的资源、廉价的劳动和广阔的市场，实现家族企业转型与产业升级。需要指出的是，受企业自身规模和能力等因素的限制，中国家族企业较少通过在境外直接投资的方式新建独资企业或合资企业。

（3）依托境外经贸合作区，以抱团方式集群式"走出去"。此类家族企业自身的资源有限，在"一带一路"建设中显得势单力孤。集群式"走出去"模式具有节约成本、规避风险、快速学习、贸易便捷等多种优势（陶莺等，2019）。因此，自身资源和能力有限的中国中小家族企业可以依托境外经贸合作区，通过抱团方式集群式进入"一带一路"沿线国家。例如，位于乌兹别克斯坦共和国锡尔河州的乌兹别克斯坦鹏盛工业园，2009年由温州市金盛贸易有限公司投资创建，投资总额约 9000 万美元，园区占地 102 公顷①，主要产业为轻工业。2013 年 3 月，中国和乌兹别克斯坦两国政府签署《关于开建乌-中工业园区项目的备忘录》，建成吉扎克工业园，鹏盛工业园区成为其锡尔河分区。2016 年 8 月乌兹别克斯坦鹏盛工业园被确认为中国境外经贸合作区。2018 年，园区入驻了来自瓯海、平阳等地的瓷砖、制革、制鞋、手机、水龙头阀门、宠物食品和肠衣制品等行业的家族企业，是温州家族企业"抱团式"投资和"抱团式"参与"一带一路"建设的典型例证。俄罗斯乌苏里斯克经贸合作区，2006 年由浙江省康奈集团联合黑龙江吉信工贸集团和温州华润公司在俄罗斯乌苏里斯克投资创建，是中国第一批"走出去"的 8 个境外经贸合作区之一。园区规划占地面积 2.28 平方千米，规划建筑面积 116 万平方米，规划总投资 20 亿元人民币，主导产业为纺织、鞋类、家电、家居、建材、木业等。目前，园区共吸引了来自浙江、上海、广东、辽宁、黑龙江、河南等省（市）的近 30 家民营/家族企业入驻。泰国泰中罗勇工业园，2005 年由中国华立集团和泰国著名工业地产企业安美德集团合资组建，是中国企业在境外最早设立的工业园区之一。园区规划面积 12 平方千米。主导产业为汽配、机械、建材等行业。泰中罗勇工业园已成为中国在泰国乃至东盟的最大的产业集群中心和制造业出口基地。截至 2018 年底，园区入驻企业数已达 113 家，其中上市公司 38 家，包括宗申动力机车制造有限公司、富通集团有限公司、中集车辆（集团）股份有限公司、芜湖海螺型材科技股份有限公司等知名民营/家族企业。以上园区是中国家族企业"抱团式"参与"一带一路"建设的典型例证。

（4）借助国有大型企业平台，实现依附式"走出去"。家族企业通过依附模式融入国有企业的产业链或价值链，通过专业分工、服务外包、订单生产等方式与大型国有企业进行项目对接，为在"一带一路"沿线国家进行投资建设的大型国有企业供应原材料、零部件及成套设备，进而逐步实施在"一带一路"沿线国家的投资合作战略（蓝庆新，2017）。

（5）部分有实力的大型家族企业独立"走出去"。例如，2015 年 3 月吉利控股集团在英国投资 2.5 亿英镑建设了一座高技术、现代化的生产基地，用于生产超低排放的出租车，而新型出租车的研发制造完全由吉利公司进行；2014 年力

---

① 1 公顷=10 000 平方米。

帆实业（集团）股份有限公司与俄罗斯利佩茨克州政府签署投资意向协议，计划投资 3 亿美元建设力帆全资的汽车整车工厂。这是继在乌拉圭、埃塞俄比亚之后力帆实业（集团）股份有限公司投资建设的第三家全资整车工厂。截止到 2017 年底，力帆实业（集团）股份有限公司已在"一带一路"沿线的俄罗斯、土耳其、乌拉圭、埃塞俄比亚、伊朗、阿塞拜疆、伊拉克建有六座汽车生产工厂和四座技术合作的工厂。

（6）与国际知名品牌企业合作"走出去"。此类家族企业往往有较强的研发和生产能力，但并未形成国际知名品牌。这些家族企业与国际知名跨国公司共同开发"一带一路"第三方市场，普遍采取合资、合作公司形式"走出去"（蓝庆新，2017）。

2.3 家族企业国际化基本特征的比较研究

本节主要对家族企业国际化深度、国际化广度、国际化速度（初始速度、步伐）和国际化绩效进行比较，采用了独立样本的 T 检验和单因素方差分析（One-Way ANOVA）方法。需要指出的是，对家族企业国际化广度的测量，本书仅仅采用了家族企业出口产品和境外投资所涉及的国家/地区数量；此外，由于家族企业国际化模式是多选题项，因此本章没有对国际化模式进行比较研究。

2.3.1 按地理区域比较

地理区域分为两类：第一类，东部地区（"21 世纪海上丝绸之路"），包括浙江、上海、福建和广东；第二类，西部地区（"丝绸之路经济带"），包括重庆、青海、陕西和云南。对地理区域与样本家族企业国际化基本特征的独立样本 T 检验显示（表 2.11）：东部地区家族企业国际化深度明显大于西部地区家族企业（显著性为 0.000）；东部地区家族企业国际化初始速度明显快于西部地区家族企业（显著性为 0.000）；东部地区家族企业国际化步伐明显快于西部地区家族企业（显著性为 0.027）；此外，东部地区家族企业国际化绩效明显好于西部地区家族企业（显著性为 0.034）。以上分析表明：经济发达地区比落后地区的家族企业的国际化初始速度和国际化步伐更快，国际化深度更大，国际化绩效更好。可能的解释是：东部地区市场开放早，市场化程度相对较高，政府的服务意识较强，通常会为企业的国际化业务创造较宽松和便捷的政策环境（如积极主动为企业办理出口退税、简化政府审批手续等）；跨国公司率先进入这些地区产生的外溢效应与示范效应，会导致东部地区家族企业家较早具有国际化视野及处理国际复杂问题的能力。

表 2.11 地理区域不同的家族企业国际化基本特征比较

	东部	西部	T值	Sig.（双尾）
国际化深度***	63.7023	29.5341	8.1390	0.000
国际化广度	5.3154	6.5630	−1.1115	0.266
国际化初始速度***	2.3538	5.4470	−3.8470	0.000
国际化步伐*	3.1298	2.9137	2.2220	0.027
国际化绩效*	3.1317	2.9268	2.1260	0.034

*$p<0.05$，***$p<0.001$。

2.3.2 按行业属性比较

行业属性分为四类：第一类，农林牧渔业；第二类，制造业；第三类，建筑业；第四类，服务业。对行业属性与样本家族企业国际化基本特征进行单因素方差分析。方差齐性检验（homogeneity of variance test）显示，只有国际化深度不满足方差齐性假设（$p<0.001$）。对此采用 Tamhane 多重检验方法，检验行业属性差异对家族企业国际化深度影响的差异特征。检验结果显示（表 2.12、表 2.13）：不同行业属性的家族企业国际化深度不同，其中，服务业家族企业的国际化深度最大（表 2.12），制造业家族企业国际化深度次之，而建筑业家族企业的国际化深度最小。

表 2.12 行业属性不同的家族企业国际化基本特征比较

变量	农林牧渔业	制造业	建筑业	服务业	齐性检验（Sig.）	ANVOA（F）	ANVOA（Sig.）
国际化深度*	22.7708	46.3086	10.6775	52.9348	0.000	3.152	0.025
国际化广度	2.7500	6.2157	2.5000	5.9111	0.279	0.728	0.536
国际化初始速度	5.0000	3.9261	12.3333	2.9773	0.940	2.007	0.113
国际化步伐	3.0000	3.0332	2.0000	3.0227	0.366	1.614	0.186
国际化绩效	2.9167	3.0355	2.8750	3.0227	0.288	0.132	0.941

*$p<0.05$。

表 2.13　行业属性不同的家族企业国际化深度的 Tamhane 多重比较

变量	行业属性（类别）		均值差	显著性（Sig.）
	I	J	(I-J)	
国际化深度	农林牧渔业	制造业	−23.537 76	0.133
		建筑业	12.093 33	0.918
		服务业	−30.163 95+	0.060

+$p<0.1$。

2.3.3　按企业规模比较

企业规模采用企业员工人数来衡量，分为四类：第一类，企业员工人数在 50 人及以下；第二类，企业员工人数在 51～200 人；第三类，企业员工人数在 201～300 人；第四类，企业员工人数在 301 人及以上。对企业规模与样本家族企业国际化基本特征进行单因素方差分析。方差齐性检验显示，国际化深度、国际化广度和国际化初始速度不满足方差齐性假设（$p<0.001$）（表 2.14）。对此采用 Tamhane 多重检验方法，检验企业规模差异对家族企业国际化深度、国际化广度和国际化初始速度影响的差异特征。从检验结果来看（表 2.14～表 2.17），不同企业规模的家族企业国际化深度不同，总体上看，随着企业规模的增大，家族企业国际化深度减小；不同企业规模的家族企业国际化初始速度不同，总体上看，随着企业规模的增大，家族企业国际化初始速度变慢。这表明小规模家族企业更容易快速进入国际市场。原因可能是，企业规模越大，其在海外投资中可能造成的结构惯性越大，从而不利于家族企业快速进入国际市场。此外，不同企业规模的家族企业国际化绩效表现不同，其中，企业规模在 201～300 人的家族企业国际化绩效表现最好，企业规模在 51～200 人的家族企业国际化绩效表现最差。

表 2.14　企业规模不同的家族企业国际化基本特征比较

变量	50 人及以下	51～200 人	201～300 人	301 人及以上	齐性检验（Sig.）	ANVOA（F）	ANVOA（Sig.）
国际化深度***	61.3067	34.6366	24.0189	27.3812	0.000	17.212	0.000
国际化广度	4.8872	5.8553	6.1250	9.6000	0.000	2.757	0.043
国际化初始速度***	1.8450	4.2987	5.5556	9.3684	0.000	15.141	0.000
国际化步伐	3.0840	2.9375	2.8333	3.0488	0.078	0.881	0.451
国际化绩效+	3.1307	2.8750	3.1667	2.9207	0.267	2.164	0.093

+$p<0.1$，***$p<0.001$。

表 2.15　企业规模不同的家族企业国际化深度的 Tamhane 多重比较

变量	企业规模（类别）		均值差	显著性（Sig.）
	I	J	(I-J)	
国际化深度	50 人及以下	51~200 人	26.670 08***	0.000
		201~300 人	37.287 83***	0.000
		301 人及以上	33.925 50***	0.000

***$p<0.001$。

表 2.16　企业规模不同的家族企业国际化广度的 Tamhane 多重比较

变量	企业规模（类别）		均值差	显著性（Sig.）
	I	J	(I-J)	
国际化广度	50 人及以下	51~200 人	-0.968 05	0.974
		201~300 人	-1.237 78	0.962
		301 人及以上	-4.712 78	0.273

表 2.17　企业规模不同的家族企业国际化初始速度的 Tamhane 多重比较

变量	企业规模（类别）		均值差	显著性（Sig.）
	I	J	(I-J)	
国际化初始速度	50 人及以下	51~200 人	-2.453 74**	0.004
		201~300 人	-3.710 59	0.380
		301 人及以上	-7.523 46**	0.002

**$p<0.01$。

2.3.4　按企业年限比较

企业年限分为四类：第一类，企业年限在 1~5 年；第二类，企业年限在 6~10 年；第三类，企业年限在 11~19 年；第四类，企业年限在 20 年及以上。对企业年限与样本家族企业国际化基本特征进行单因素方差分析。方差齐性检验显示，国际化广度、国际化初始速度不满足方差齐性假设（$p<0.001$）（表 2.18）。对此采用 Tamhane 多重检验方法，检验企业年限差异对家族企业国际化广度、国际化初始速度影响的差异特征。从检验结果来看（表 2.18~表 2.20），不同企业年限的家族企业国际化广度、国际化初始速度不同，总体上看，随着企业年限的增加，家族企业国际化的广度增大，家族企业国际化的初始速度变慢。

表 2.18 企业年限不同的家族企业国际化基本特征比较

变量	1~5 年	6~10 年	11~19 年	20 年及以上	齐性检验（Sig.）	ANVOA（F）	ANVOA（Sig.）
国际化深度	42.3368	48.8298	48.0176	36.9385	0.418	1.031	0.380
国际化广度***	2.8936	4.2022	7.2268	11.4375	0.000	7.797	0.000
国际化初始速度***	0.6875	2.0227	3.7766	14.3438	0.000	50.322	0.000
国际化步伐	2.9388	3.1250	3.0101	2.8824	0.061	0.987	0.400
国际化绩效	3.0051	3.0730	3.0025	3.0000	0.967	0.153	0.927

***$p<0.001$。

表 2.19 企业年限不同的家族企业国际化广度的 Tamhane 多重比较

变量	企业年限（类别）		均值差	显著性（Sig.）
	I	J	(I-J)	
国际化广度	1~5 年	6~10 年	-1.308 63	0.246
		11~19 年	-4.333 19**	0.001
		20 年及以上	-8.543 88*	0.020

*$p<0.05$，**$p<0.01$。

表 2.20 企业年限不同的家族企业国际化初始速度的 Tamhane 多重比较

变量	企业年限（类别）		均值差	显著性（Sig.）
	I	J	(I-J)	
国际化初始速度	1~5 年	6~10 年	-1.335 23***	0.000
		11~19 年	-3.089 10***	0.000
		20 年及以上	-13.656 25***	0.000

***$p<0.001$。

2.3.5 按企业家特质比较

家族企业是一种典型的企业家控制型企业，因此企业家个体特质对家族企业国际化特征可能产生重要的影响。例如，Westhead 等（2001）对英国 621 家中小企业的实证研究发现，企业家丰富的产业知识和出口经验对企业出口倾向及出口密度均具有积极影响，企业家年龄对企业出口倾向具有显著的正向影响，企业家年龄对企业出口密度的影响并不显著。本章的企业家特质主要从四个方面进行衡量：企业家性别、企业家年龄、企业家文化程度、企业家行业工作经验。

1. 企业家性别

对企业家性别特征与样本家族企业国际化基本特征的独立样本的 T 检验显示（表 2.21），男性企业家领导的家族企业国际化广度明显大于女性企业家领导的家族企业（显著性为 0.034）；不同企业家性别的家族企业国际化深度、国际化初始速度、国际化步伐、国际化绩效表现不存在明显的差异。

表 2.21　企业家性别不同的家族企业国际化基本特征比较

变量	男	女	T 值	Sig.（双尾）
国际化深度	45.1221	49.6689	−0.715	0.475
国际化广度*	6.4977	3.2558	4.349	0.034
国际化初始速度	4.0365	3.2381	0.708	0.480
国际化步伐	3.0400	2.9318	0.810	0.419
国际化绩效	3.0542	2.8807	1.319	0.188

*$p<0.05$。

2. 企业家年龄

企业家年龄分为四类：第一类，企业家年龄在 35 岁及以下；第二类，企业家年龄在 36~45 岁；第三类，企业家年龄在 46~55 岁；第四类，企业家年龄在 56 岁及以上。对企业家年龄与样本家族企业国际化基本特征进行单因素方差分析。方差齐性检验显示，国际化广度和国际化步伐不满足方差齐性假设（$p<0.001$）（表 2.22）。对此采用 Tamhane 多重检验方法，检验企业家年龄差异对家族企业国际化广度影响的差异特征。检验结果显示（表 2.22、表 2.23），企业家年龄不同的家族企业国际化深度不同，其中，企业家年龄在 35 岁及以下的家族企业国际化深度最大，而企业家年龄在 46~55 岁的家族企业国际化深度最小；同时，企业家年龄不同的家族企业国际化广度不同，其中，企业家年龄在 35 岁及以下的家族企业国际化广度最小，而企业家年龄在 56 岁及以上的家族企业国际化广度最大。以上分析在一定程度上表明：年轻企业家掌控的家族企业更倾向于选择出口战略，但国际化广度较小。原因可能是：与老一辈企业家相比，年轻的企业家通常具有海外学习、生活和工作经历，他们会更加关注或者熟悉国际市场，因此年轻企业家领导的家族企业通常更容易从事出口贸易业务；但是，由于年轻企业家掌控的家族企业通常是一些创业型企业或实力弱的小企业，因此企业产品出口或境外投资所涉及的国家和地区数量相对较少。

表2.22 企业家年龄不同的家族企业国际化基本特征比较

变量	35岁及以下	36~45岁	46~55岁	56岁及以上	齐性检验(Sig.)	ANVOA(F)	ANVOA(Sig.)
国际化深度*	62.8108	44.8457	40.0042	45.5300	0.397	3.132	0.025
国际化广度**	3.9189	5.8211	5.2278	11.6538	0.000	4.267	0.006
国际化初始速度	3.3611	3.8934	4.0769	4.2692	0.756	0.121	0.947
国际化步伐	3.2162	3.0080	3.0244	2.7692	0.000	1.570	0.197
国际化绩效	3.1757	3.0278	2.9146	3.1538	0.046	1.191	0.313

*$p<0.05$,**$p<0.01$。

表2.23 企业家年龄不同的家族企业国际化广度的Tamhane多重比较

变量	企业家年龄结构（类别）		均值差(I−J)	显著性(Sig.)
	I	J		
国际化广度	35岁及以下	36~45岁	−1.902 20	0.279
		46~55岁	−1.308 93	0.690
		56岁及以上	−7.734 93+	0.065

+$p<0.1$。

3. 企业家文化程度

企业家文化程度分为六类：第一类，小学及以下；第二类，初中；第三类，高中（中专）；第四类，大学专科；第五类，大学本科；第六类，研究生。对企业家文化程度与样本家族企业国际化基本特征进行单因素方差分析。方差齐性检验显示，国际化初始速度不满足方差齐性假设（$p<0.05$）（表2.24）。对此采用Tamhane多重检验方法，检验企业家文化程度差异对家族企业国际化初始速度影响的差异特征。检验结果显示（表2.24、表2.25），不同企业家文化程度的家族企业国际化深度、国际化广度、国际化初始速度、国际化步伐、国际化绩效表现不存在明显的差异。这表明企业家学历背景并不是影响现阶段中国家族企业国际化战略行为和国际化绩效表现的重要因素。

表2.24 企业家文化程度不同的家族企业国际化基本特征比较

变量	小学及以下	初中	高中（中专）	大学专科	大学本科	研究生	齐性检验(Sig.)	ANVOA(F)	ANVOA(Sig.)
国际化深度	63.5667	48.6154	48.2311	47.6787	42.8989	40.3286	0.479	0.418	0.836
国际化广度	2.6667	5.3077	5.7971	5.5833	6.7126	5.4286	0.732	0.246	0.942
国际化初始速度	2.0000	2.6154	3.8636	3.2083	3.8222	8.2632	0.018	1.942	0.088
国际化步伐	2.6667	2.6923	2.8986	3.0541	3.1429	3.0000	0.466	1.301	0.264
国际化绩效	3.2500	2.6731	2.9179	3.0709	3.1291	2.9625	0.161	1.193	0.313

表 2.25　不同企业家文化程度的家族企业国际化初始速度的 Tamhane 多重比较

变量	企业家文化程度（类别）		均值差	显著性（Sig.）
	I	J	(I-J)	
国际化初始速度	研究生	小学及以下	6.263 16	0.883
		初中	5.647 77	0.866
		高中（中专）	4.399 52	0.966
		大学专科	5.054 82	0.903
		大学本科	4.409 40	0.961

4. 企业家行业工作经验

企业家行业工作经验分为四类：第一类，行业工作经验在 1～3 年；第二类，行业工作经验在 4～8 年；第三类，行业工作经验在 9～14 年；第四类，行业工作经验在 15 年及以上。对企业家行业工作经验与样本家族企业国际化基本特征进行单因素方差分析。方差齐性检验显示，国际化广度、国际化初始速度不满足方差齐性假设（$p<0.01$）（表 2.26）。对此采用 Tamhane 多重检验方法，检验企业家行业工作经验差异对家族企业国际化广度、国际化初始速度影响的差异特征。从检验结果来看（表 2.26～表 2.28），企业家行业工作经验不同的家族企业国际化广度、国际化初始速度、国际化步伐明显不同。其中，企业家行业工作经验在 4～8 年的家族企业国际化广度最小；企业家行业工作经验在 1～3 年的家族企业国际化初始速度最快、国际化步伐最慢；企业家行业工作经验在 15 年及以上的家族企业国际化广度最大、国际化初始速度最慢；企业家行业工作经验在 9～14 年的家族企业国际化步伐最快。

表 2.26　企业家行业工作经验不同的家族企业国际化基本特征比较

变量	1～3 年	4～8 年	9～14 年	15 年及以上	齐性检验（Sig.）	ANVOA（F）	ANVOA（Sig.）
国际化深度	41.9957	42.9560	53.8323	41.1247	0.958	2.059	0.106
国际化广度***	3.3846	2.6140	5.3333	8.6095	0.000	6.266	0.000
国际化初始速度**	0.7857	3.5088	2.6250	5.6602	0.001	4.728	0.003
国际化步伐*	2.7143	3.0345	3.2198	2.8785	0.343	3.704	0.012
国际化绩效	2.9821	3.0862	3.0788	2.9533	0.735	0.552	0.647

*$p<0.05$，**$p<0.01$，***$p<0.001$。

表 2.27　企业家行业工作经验不同的家族企业国际化广度的 Tamhane 多重比较

变量	行业工作经验（类别）		均值差	显著性（Sig.）
	I	J	(I-J)	
国际化广度	15 年及以上	1～3 年	5.224 91**	0.004
		4～8 年	5.995 49***	0.000
		9～14 年	3.276 19	0.137

$p<0.01$，*$p<0.001$。

表 2.28　企业家行业工作经验不同的家族企业国际化初始速度的 Tamhane 多重比较

变量	行业工作经验（类别）		均值差	显著性（Sig.）
	I	J	(I-J)	
国际化初始速度	1～3 年	4～8 年	-2.723 06	0.180
		9～14 年	-1.839 29**	0.005
		15 年及以上	-4.874 48***	0.000

$p<0.01$，*$p<0.001$。

2.3.6　按家族涉入程度比较

对家族涉入程度的测量，采用了三类指标：第一类，家族所有权，采用家族（企业主及企业主的家族成员）持有企业的股份比重来测量；第二类，家族管理权，采用企业高管团队家族成员比重、企业总经理或总裁是否由企业主或企业主的家族成员担任来测量；第三类，家族代数（家族所有或管理的代数），采用家族企业是否由第一代所有、第一代管理来测量。对家族涉入程度与样本家族企业国际化基本特征进行单因素方差分析、独立样本的 T 检验。

1. 按家族所有权比较

家族所有权分为三类：第一类，家族持股比重在 50%～70%；第二类，家族持股比重在 71%～99%；第三类，家族持股比重为 100%。对家族所有权与样本家族企业国际化基本特征进行单因素方差分析。方差齐性检验显示，国际化深度不满足方差齐性假设（$p<0.001$）（表 2.29）。对此采用 Tamhane 多重检验方法，检验家族所有权差异对家族企业国际化深度影响的差异特征。从检验结果来看（表 2.29、表 2.30），家族所有权不同的家族企业国际化深度不同。总体上看，随着家族所有权的增大，家族企业国际化深度增大。

表 2.29 家族所有权不同的家族企业国际化基本特征比较

变量	50%~70%	71%~99%	100%	齐性检验（Sig.）	ANVOA（F）	ANVOA（Sig.）
国际化深度***	29.3221	50.4330	52.3460	0.000	9.646	0.000
国际化广度	3.941	7.08333	6.4526	0.034	2.310	0.101
国际化初始速度	3.4776	4.8983	3.6985	0.028	0.854	0.427
国际化步伐	3.0857	3.0328	2.9784	0.608	0.418	0.659
国际化绩效	3.0143	3.0738	3.0107	0.735	0.142	0.868

***$p<0.001$。

表 2.30 家族所有权不同的家族企业国际化深度的 Tamhane 多重比较

变量	家族所有权（类别） I	家族所有权（类别） J	均值差（I−J）	显著性（Sig.）
国际化深度	50%~70%	71%~99%	−21.110 85**	0.002
		100%	−23.023 87***	0.000

$p<0.01$，*$p<0.001$。

2. 按家族管理权比较

家族管理权（高管团队家族成员比重）分为五类：第一类，高管团队家族成员比重为 0%；第二类，高管团队家族成员比重在 0%~20%；第三类，高管团队家族成员比重在 21%~50%；第四类，高管团队家族成员比重在 51%~80%；第五类，高管团队家族成员比重在 80%以上。对家族管理权与样本家族企业国际化基本特征进行单因素方差分析。方差齐性检验显示，国际化深度、国际化初始速度不满足方差齐性假设（$p<0.05$）（表 2.31）。对此采用 Tamhane 多重检验方法，检验家族管理权差异对家族企业国际化深度、国际化初始速度影响的差异特征。从检验结果来看（表 2.31~表 2.33），家族管理权不同的家族企业国际化深度、国际化初始速度和国际化绩效表现不同。总体上看，随着家族管理权的增大，家族企业国际化深度增大；高管团队家族成员比重在 80%以上的家族企业国际化初始速度最快，高管团队完全由非家族成员构成的家族企业国际化初始速度最慢；高管团队家族成员比重在 21%~50%的家族企业国际化绩效表现最差，高管团队完全由非家族成员构成的家族企业国际化绩效表现最好。

对家族管理权（企业总经理或总裁是否由企业主或企业主的家族成员担任）与样本家族企业国际化基本特征的独立样本的 T 检验显示（表 2.34）：企业总经理或总裁由企业主或企业主的家族成员担任的家族企业国际化深度明显大

于其他类型家族企业（显著性为 0.000）；同时，企业总经理或总裁由企业主或企业主的家族成员担任的家族企业国际化广度也明显大于其他类型的家族企业（显著性为 0.011）。

表 2.31 家族管理权不同的家族企业国际化基本特征比较

变量	0%	0%~20%	21%~50%	51%~80%	80%以上	齐性检验（Sig.）	ANVOA（F）	ANVOA（Sig.）
国际化深度***	29.2005	37.1042	35.3273	53.8488	75.1846	0.014	13.281	0.000
国际化广度	5.5500	5.4953	7.3256	5.8537	6.1346	0.208	0.316	0.867
国际化初始速度**	6.0526	4.4286	4.9318	4.3902	0.8824	0.000	3.702	0.006
国际化步伐	3.2000	3.0000	3.0000	3.0930	3.0000	0.294	0.359	0.837
国际化绩效*	3.3125	2.9257	2.8580	3.2384	3.1422	0.637	2.682	0.032

*$p<0.05$，**$p<0.01$，***$p<0.001$。

表 2.32 家族管理权不同的家族企业国际化深度的 Tamhane 多重比较

变量	家族管理权（类别）		均值差	显著性（Sig.）
	I	J	(I-J)	
国际化深度	80%以上	0%	45.984 14***	0.000
		0%~20%	38.080 41***	0.000
		21%~50%	39.857 32***	0.000
		51%~80%	21.335 78*	0.036

*$p<0.05$，***$p<0.001$。

表 2.33 家族管理权不同的家族企业国际化初始速度的 Tamhane 多重比较

变量	家族管理权（类别）		均值差	显著性（Sig.）
	I	J	(I-J)	
国际化初始速度	80%以上	0%	-5.170 28	0.111
		0%~20%	-3.546 22***	0.000
		21%~50%	-4.049 47**	0.001
		51%~80%	-3.507 89	0.361

$p<0.01$，*$p<0.001$。

表 2.34 家族管理权不同的家族企业国际化基本特征比较

变量	总经理、总裁由企业主或家族成员担任	总经理、总裁由非家族成员担任	T 值	Sig.（双尾）
国际化深度***	50.4238	31.8008	3.766	0.000
国际化广度*	6.6337	3.7619	2.574	0.011
国际化初始速度	3.5930	4.9206	-1.378	0.170

续表

变量	总经理、总裁由企业主或家族成员担任	总经理、总裁由非家族成员担任	T值	Sig.（双尾）
国际化步伐	3.0245	3.0000	0.213	0.831
国际化绩效	3.0012	3.1023	-0.894	0.372

*$p<0.05$，***$p<0.001$。

3. 按家族代数比较

家族代数（家族所有的代数）分为两类：第一类，由第一代所有；第二类，由家族后代所有。对家族代数与样本家族企业国际化基本特征的独立样本T检验显示（表2.35）：一代所有的家族企业国际化深度大于后代所有的家族企业（显著性为0.059）；同时，一代所有的家族企业国际化初始速度快于后代所有的家族企业（显著性为0.091）。

表 2.35　家族代数不同的家族企业国际化基本特征比较

	一代所有	后代所有	T值	Sig.（双尾）
国际化深度+	47.5775	34.3816	1.944	0.059
国际化广度	5.7009	8.0000	-0.869	0.391
国际化初始速度+	3.5541	6.6667	-1.741	0.091
国际化步伐	3.0380	2.8750	1.065	0.288
国际化绩效	3.0263	3.0234	0.019	0.985

+$p<0.1$。

家族代数（管理企业的家族代数）分为两类：第一类，由第一代管理；第二类，由家族后代管理。对家族代数与样本家族企业国际化基本特征的独立样本T检验显示（表2.36）：一代管理的家族企业国际化初始速度快于后代管理的家族企业（显著性为0.046）。当家族企业进入国际市场之后，由一代管理的家族企业国际化步伐快于由后代管理的家族企业（显著性为0.082）。

表 2.36　家族代数不同的家族企业国际化基本特征比较

	一代管理	后代管理	T值	Sig.（双尾）
国际化深度	47.4042	36.3544	1.571	0.117
国际化广度	5.7051	7.9667	-1.269	0.206
国际化初始速度*	3.6087	6.1613	-2.005	0.046
国际化步伐+	3.0508	2.7879	1.748	0.082
国际化绩效	3.0422	2.9091	0.896	0.371

+$p<0.1$，*$p<0.05$。

2.4 结论与讨论

基于"一带一路"沿线中国 8 个重点省（直辖市）274 家具有国际业务的样本家族企业的问卷调查数据，采用描述性统计分析方法，结合典型案例分析及文献研究等方法，本章探讨了现阶段中国家族企业国际化的基本特征，包括家族企业参与"一带一路"建设情况，并从企业内外部环境角度进行比较。本章主要研究结论如下。

1. 中国家族企业国际化的基本特征

（1）中国家族企业国际化深度较小，并且差异较大。在 274 家具有国际业务的样本家族企业中，2015 年涉及出口贸易的样本家族企业占 93.8%，样本家族企业出口收入占当年销售收入的比重平均为 45.87%，但最大值为 100%，最小值为 0%。

（2）中国家族企业国际化广度较小，并且差异较大。例如，2015 年样本家族企业出口产品和境外投资所涉及的国家和地区数量平均为 5.95 个，但最大值达到 53 个，最小值仅为 1 个；尽管中国家族企业出口产品已经分布在全世界很多国家和地区，但家族企业出口产品的销售区域以亚洲和欧洲为主，"一带一路"沿线国家仍然是现阶段中国家族企业"走出去"的重点区域。

（3）中国家族企业首次进入国际市场的速度较快，这部分家族企业可能是"天生国际化企业"，即在创立之初就从事国际化经营活动；但是，中国家族企业首次进入国际市场之后的国际化步伐较慢或一般，大部分家族企业选择了一条渐进式的国际化道路。

（4）中国家族企业倾向于选择不威胁其独立性的国际化模式，避免选择威胁其独立性的国际化模式。具体体现在：中国家族企业国际化模式以出口贸易为主，其次是合同协议、在境外设立销售机构，家族企业很少在境外建立合资企业、独资企业和在境外设立研发机构。这意味着，中国大部分家族企业仍然处于国际化的初级阶段，只有极少数大型家族企业完成了从代工生产向自主生产和品牌国际化的高级阶段转变。

（5）中国家族企业国际化绩效表现一般，而家族企业海外市场投资回报率表现最差。

（6）中国家族企业参与"一带一路"建设的愿望强烈。家族企业与"一带一路"沿线国家的经济往来以进出口贸易为主，对沿线国家直接投资的比重较小，直接投资主要分布在中国周边国家，行业集中于资源密集型行业，跨国并购正成为家族企业境外直接投资的主要方式。总体上看，家族企业直接参与"一带一路"建设尤其是基础设施项目建设的程度不高，原因可能是多方面的：家族企业参与"一带一路"建设的风险较高；家族企业很难获得"一带一路"建设的支持资金、优惠政策及政策信息；家族企业参与"一带一路"建设的中介服务体系不健全；家族企业核心竞争力不强，国际产能合作市场相对狭小；家族企业参与"一带一路"建设的国际化专业人才缺乏等。家族企业参与"一带一路"建设的模式主要有六种：出口贸易；跨国并购和绿地投资；依托境外经贸合作区，以抱团方式集群式"走出去"；借助国有大型企业平台，实现依附式"走出去"；部分有实力的大型家族企业独立"走出去"；与国际知名品牌企业合作"走出去"。

2. 中国家族企业国际化基本特征的比较

（1）东部地区家族企业国际化深度明显大于西部地区家族企业；东部地区家族企业国际化初始速度、国际化步伐明显快于西部地区家族企业；东部地区家族企业国际化绩效表现明显好于西部地区家族企业。

（2）不同行业属性的家族企业国际化深度不同，服务业家族企业国际化深度最大，而建筑业家族企业国际化深度最小。

（3）随着企业规模的增大，家族企业国际化深度减小，国际化初始速度变慢；不同企业规模的家族企业国际化绩效表现不同，企业规模在201~300人的家族企业国际化绩效表现最好，企业规模在51~200人的家族企业国际化绩效表现最差。

（4）随着企业年限的增加，家族企业国际化广度增大，而国际化初始速度变慢。

（5）不同企业家特质的家族企业国际化特征不同。第一，男性企业家领导的家族企业国际化广度明显大于女性企业家领导的家族企业。第二，企业家年龄结构不同的家族企业国际化深度不同，年龄在35岁及以下的家族企业国际化深度最大，年龄在46~55岁的家族企业国际化深度最小；企业家年龄结构不同的家族企业国际化广度不同,年龄在 35 岁及以下的家族企业国际化广度最小,年龄在 56 岁及以上的家族企业国际化广度最大。第三,企业家行业工作经验不同的家族企业国际化广度、国际化初始速度和国际化步伐不同,行业工作经验在 4~8 年的家族企业国际化广度最小;行业工作经验在 1~3 年的家族企业国际化初始速度最快、国际化步伐最慢;行业工作经验在 15 年及以上的家族企业国际化广度最大、国际化初始速度最慢;行业工作经验在 9~14 年的家族企业国际化步伐最快。

(6)不同家族涉入程度的家族企业国际化特征不同。第一,随着家族所有权的增大,家族企业国际化深度增大。第二,随着家族管理权的增大,家族企业国际化深度增大;高管团队家族成员比重在 80% 以上的家族企业国际化初始速度最快,高管团队完全由非家族成员构成的家族企业国际化初始速度最慢;高管团队家族成员比重在 21%~50% 的家族企业国际化绩效表现最差,高管团队完全由非家族成员构成的家族企业国际化绩效表现最好;企业总经理或总裁由企业主或企业主的家族成员担任的家族企业国际化深度、国际化广度明显大于其他类型的家族企业。第三,一代所有的家族企业国际化深度高于后代所有的家族企业,一代所有的家族企业国际化初始速度快于后代所有的家族企业。一代管理的家族企业国际化初始速度快于后代管理的家族企业,一代管理的家族企业国际化步伐快于后代管理的家族企业。

需要指出的是,受研究条件的限制,本章主要使用了文献研究和典型案例分析方法,研究家族企业参与"一带一路"建设情况,内容主要涉及家族企业参与"一带一路"建设的意愿、总体情况和主要模式三个方面,缺乏对中国不同类型家族企业在"一带一路"沿线各国的具体进入情况、进入障碍及进入差异性等问题的分析研究。同时,本章仅仅是一个描述性统计分析,需要通过更严密的实证研究,深入揭示"一带一路"背景下中国家族企业国际化的基本特征、差异性及主要影响因素等。

在本书第三章中,我们将采用多元回归等计量分析方法,深入揭示经济转型及"一带一路"背景下中国家族企业国际化的主要影响因素,重点关注家族所有权、家族管理权、产业环境、制度环境和政治关系的影响。

第三章
家族企业国际化的影响因素研究

3.1 引　　言

近年来,对发达经济体中的家族企业国际化前因研究日益聚焦于家族权力等家族涉入因素的影响(Pukall and Calabrò,2014),有关该问题的实证研究得出了正向关系(Zahra,2003)、负向关系(Fernández and Nieto,2005;Graves and Thomas,2006)、曲线关系(Sciascia et al.,2012)和不相关(Cerrato and Piva,2012)等多种结论,并指出家族涉入对家族企业国际化的影响主要通过资源与能力积累、代理与管家行为、关系或网络构建、社会情感财富保护等机制发挥作用(Pukall and Calabrò,2014),差异化的家族涉入与国际化测量指标(Pukall and Calabrò,2014),以及差异化的国家背景(Arregle et al.,2017)是不同研究产生差异的主要原因。

家族企业是新兴经济体民营企业的主体。例如,在全球最大的新兴经济体中国,超过80%的民营企业是家族企业[中国民(私)营经济研究会家族企业研究课题组,2011]。近年来,对新兴经济体尤其是中国的民营企业国际化前因问题的研究强调产业环境和制度环境的影响(苏启林和欧晓明,2003;周立新,2016;李新春和肖宵,2017;Li and Ding,2017)。围绕制度环境影响的研究成果产生了两种明显不同的学术观点,即"制度逃离观"和"制度促进观"。"制度逃离观"认为母国制度约束是驱使新兴经济体民营企业国际化的重要原因之一（李新春和肖宵，2017；Li and Ding，2017）。"制度促进观"则主张政府应该通过建立良好的制度环境来促进新兴经济体民营企业国际化（Li and Ding，2017）。例如，Li 和 Ding（2017）指出母国的制度支持和制度约束促进了中国民营企业国际化进程。此外，由于新兴经济体民营企业尤其是家族企业倾向于与政府部门或官员建立政治关系（Acquaah，2012），因此，学者们也关注作为非正式制度的重要替代机制——政治关系（Xin and Pearce，1996；Peng and Luo，2000）如何影响民营企业国际化行为（Li and Ding，2017；邓新明等，2014）。

家族所有权与家族管理权涉入是家族涉入企业的重要维度变量，也是家族企业区别于非家族企业最显著的特征。华人家族企业的典型特征是所有者家族掌握大部分的企业所有权与管理控制权。因此，研究中国家族企业国际化战略选择的一个重要切入点，就是讨论家族所有权与家族管理权等家族涉入因素对家族企业国际化的影响。然而，目前国内外学术界较少关注家族涉入对中国家族企业国际化的影响，仅 Liang（Liang 等，2014）、Dou（Dou 等，2019）、王增涛和薛丽玲（2018）等少数学者在该领域做过探索性研究，但是，这些研究忽视了中国家族企业国际化所面临的独特制度情境和产业环境的影响。

当前，中国正在推进和实施的"一带一路"倡议会进一步降低政府的过度干预、改变外部市场的不良竞争环境，有利于营造宽松有效的产业环境及完善的制度环境。在"一带一路"倡议及相关政策刺激下，中国各省（自治区、直辖市）都在逐渐放开本地市场，以期为本地企业与国外企业提供一个更宽松的竞争环境、更统一的法律执行及更少的政府无序干预。因此，研究"一带一路"背景下中国家族企业国际化的影响因素及机制，尤其应该关注家族涉入、产业环境、制度环境和政治关系的影响及内在作用机制。

本章的贡献主要体现在以下两个方面：第一，构建了家族涉入影响中国家族企业国际化的理论框架，该框架主要讨论家族所有权、家族管理权对家族企业国际化的影响，并从产业环境宽松性、制度环境和政治关系的视角研究了家族涉入对家族企业国际化影响效应的差异性。在此基础上，利用"一带一路"沿线中国8个重点省（直辖市）样本家族企业的问卷调查数据对理论框架进行实证检验。研究发现，家族特征和外部环境是影响中国家族企业国际化的重要因素。因此，本研究拓展了新兴经济体家族企业国际化前因研究。第二，不同于传统的制度分析主要强调正式制度的作用，本章同时考虑了正式制度（市场化程度）和非正式制度（政治关系）的调节作用。研究发现，正式制度和非正式制度对家族涉入与中国家族企业国际化关系具有重要的调节作用。本研究为制度环境影响中国家族企业国际化战略提供了新的经验证据。

3.2 研究假设

3.2.1 家族涉入对家族企业国际化的影响

家族涉入企业经营活动是一个多维度的概念。目前学术界普遍认同，家族涉入企业经营活动主要包括家族权力（power）、家族文化（culture）、家族经验（experience）三个不同方面（Klein et al.，2005）。其中，家族权力主要反映家族所有权、管理权与控制权等方面的内容。本章重点讨论家族所有权与家族管理权对家族企业国际化的影响。

1. 家族所有权对家族企业国际化的影响

家族所有权对家族企业国际化的影响效应具有不确定性，经验研究产生了从负向影响到正向影响等结论。资源与能力观的国际化理论认为，家族企业国际化通常需要来自非家族所有者的外部资源支持（Calabrò et al.，2013），尤其是来自非家族所有者的财务资源支持（Fernández and Nieto，2005）。较高的家族所有权表明家族企业较少引入外部债权和股权投资者（Graves and Thomas，2008），导致家族企业通常缺少国际化经营活动所需财务资源。代理理论认为，较高的家族所有权意味着家族委托人大部分的财富与企业相联系且不容易分散资产组合风险（Gómez-Mejía et al.，2007），因此具有较高家族所有权的家族企业通常具有保守的态度和风险厌恶特征（Fernández and Nieto，2005；Claver et al.，2008），面对国际化经营活动增大的风险和不确定性，具有较高家族所有权的家族企业会较少地选择国际化战略。社会情感财富理论认为，较高的家族所有权意味着家族目标与企业目标的联系更紧密，意味着家族所有者对家族非经济目标的追求及风险厌恶态度，从而使家族企业会较少选择国际化战略（Gómez-Mejía et al.，2010）。多数实证研究支持家族所有权对家族企业国际化具有负向影响（Fernández and Nieto，2005，2006；Ray et al.，2017）。但是，较高的家族所有权也意味着家族所有者具有更强的动机和能力监督管理者的行为，以及家族所有者开展国际化经营活动能获得更多的家族资源支持等，导致家族所有权对家族企业国际化可能产生积极影响。少数实证研究也支持这一观点（Zahra，2003；Carr and Bateman，2009；Fang et al.，2018）。还有学者的实证研究得出二者之间存在曲线关系（Sciascia et al.，2012；Liang et al.，2014）。

本研究认为，在中国经济转型时期，家族所有权对家族企业国际化具有积极的促进作用。第一，家族所有权作为一种特殊类型的资源，能够为中国家族企业提供国际化经营活动所需要的稀缺资源。资源与能力观的国际化理论认为，家族成员的人力资本、社会资本、生存资本、耐心资本等家族资源（Sirmon and Hitt，2003）是家族企业国际化经营活动的重要资源基础。在家族企业中，耐心资本通常被描述为没有长期流动性威胁的投资资本，生存资本汇聚了有关家族成员借款意愿、贡献或分享企业利益等个人资源。拥有耐心资本和生存资本将使家族企业具有寻求国际市场机会的战略灵活性，促使家族企业将其业务拓展至海外市场（Segaro，2012）。尤其是，当前中国大部分家族企业趋向于选择出口贸易这一国际化模式，该模式具有较少的财务资源需求；同时，在不完善的制度环境及低社会信任背景下，中国家族企业也更可能会动员和利用家族人力资本、社会资本、耐心资本和生存资本等家族资源，作为家族企业开展国际化经营活动的重要资源基础。第二，华人家族企业主要是以血缘、亲缘、地缘等为基本联系纽带的经济组织，具有典型的"弱组织和强关系"特征（Redding，1991），因此华人家族企业能够利用"强关系"来获取国际化经营活动所需的关键资源。第三，中国家族企业的基本特征是家族所有者掌握着大部分的企业所有权，较高的家族所有权使家族所有者具有更强烈的动机监督经理人的行为，也使家族所有者更有能力通过董事会行使对管理层的控制，以降低由于国际任务的复杂性和不确定性带来的监督困难和监督管理成本。第四，中国家族企业所有者和员工对企业表现出较强的组织认同（Zhou，2014），强认同会激励家族所有者采取管家行为，主要体现在持续性管家行为、对员工的管家行为和对顾客的管家行为（Miller et al.，2008）。对此提出如下假设：

H1a：家族所有权对家族企业国际化具有显著正向影响。

2. 家族管理权对家族企业国际化的影响

家族管理权对家族企业国际化有差异化的影响。比如，高水平的家族管理权涉入，使家族企业倾向于雇用更多的家族成员担任企业高管。在家族企业中，经理的任命通常是基于控股股东的亲缘关系而非管理能力，家族管理者等家族成员有限的社会和政治联系（Acquaah，2012；Graves and Shan，2014）也限制了家族企业对国际市场上的新思想、知识和机会的获取，因此，家族成员参与管理，导致家族企业缺少国际化经营活动所需的管理能力和国际市场知识，而管理能力和国际市场知识是家族企业克服国际化过程不确定性的基础（Chang and Shirm，2015）；相反，低水平的家族管理权涉入，意味着家族企业雇用了较多的职业经理人。职业经理人通常接受过正规教育并具有外部工作经历（Sanchez-Famoso et al.，2015），他们往往与供应商、金融机构等外部利益相关者建立了良好的个人关系（Kraus et al.，2016），导致家族企业更容易获得新的、差异化的信息、知识和机会，进而促进家族企业国际化扩张。一些经验研究也证实家族管理权对家族企业国际化具有显著的负向影响（Fernández and Nieto，2006；Cerrato and Piva，2012）。

本研究认为，在中国经济转型时期，家族管理权对家族企业国际化具有正面影响。第一，目前中国家族企业大多掌握在创始人手中，家族企业所有者与管理者高度重叠，家族所有者与管理者的个人利益高度一致，并与家族企业的利益紧密绑定，从而可以有效减少家族企业国际化经营活动中家族所有者与管理者之间的利益冲突、信息不对称和代理成本。第二，在中国当前职业经理人市场发育不完善、社会信任水平普遍较低的情况下，将企业关键管理岗位配置给具有亲缘关系的家族成员，可以激励家族成员贡献社会网络资源，这些社会网络资源带来的效益可能大于家族内部冲突产生的代理成本；相反，将企业关键管理岗位配置给职业经理人，可能增大家族企业国际化经营活动中家族所有者与职业经理人之间的利益冲突和信息不对称，以及家族所有者对职业经理人的监督管理成本。第三，当前中国大部分家族企业倾向于选择出口贸易这一国际化模式，该模式具有较少的管理能力需求。此外，家族成员参与管理，意味着家族管理者的长任期，管理者的长任期会引导家族企业关注长期生存与发展，家族企业也更倾向于选择具有长期导向特征的国际化战略。对此提出如下假设：

H1b：家族管理权对家族企业国际化具有显著正向影响。

3.2.2　环境宽松性在家族涉入与家族企业国际化之间的调节作用

家族企业国际化将受到所处行业环境的影响，环境宽松性作为行业环境的重要特征变量，影响家族涉入与家族企业国际化关系。理论上，家族对企业的涉入，通常会导致家族企业缺少国际化扩张所需的财务资源、管理能力和国际市场知识。比如，家族所有权涉入，使家族企业偏好家族和内部股权融资，避免选择外部债权和股权融资（Graves and Thomas, 2008），导致家族企业缺少国际化经营活动所需财务资源；家族管理权涉入，使家族企业偏好雇用家族经理，较少雇用具有国际化知识和技能的职业经理人（Fernández and Nieto, 2005）。家族企业国际化扩张通常需要来自外部环境的资源支持，环境中资源的可获取性直接决定家族企业外部资源的获取情况。Dess 和 Beard（1984）指出，环境宽松性主要指环境中可利用资源的稀缺或充裕程度。环境宽松度高意味着环境中资源供给充足，从环境中获取资源的途径较多、获取资源的难度及交易成本较低。因此，在宽松度高的环境中，家族企业可以更便利地、低成本地获取国际化经营活动所需的稀缺资源，这种来自行业环境的资源支持降低了家族涉入所带来的资源约束限制及家族涉入的资源供应效应[①]（Sirmon and Hitt, 2003），有助于家族企业国际化扩张；相反，在宽松度低的环境下，家族企业从环境中获取资源的途径较少、获取资源的难度及交易成本较大，这会增大家族企业在国际化经营活动中对家族人力资本、社会资本等家族资源的依赖，即增大家族涉入对家族企业国际化经营活动的影响。对此提出如下假设：

H2：环境宽松性弱化了家族涉入对家族企业国际化的影响，即随着家族企业所处行业环境宽松性的增大，家族涉入对家族企业国际化的影响减小。

3.2.3　制度环境在家族涉入与家族企业国际化之间的调节作用

制度通常被认为是一个社会中正式和非正式的规则，如法律法规、行为准则和规范等（North, 1990）。制度理论视角的国际化研究指出，新兴经济体国家中的企业国际化战略选择是组织和制度动态交互作用的结果（Yamakawa et al.,

---

[①] 家族涉入的资源供应效应是指家族涉入给家族企业带来的资金、人才等支持。

2008；Holmes et al.，2013）。母国制度环境是形成企业国际扩张意愿和能力的主要推动力。例如，母国政府可以通过制定出口贸易、对外投资相关的国际化政策鼓励或者限制企业国际化战略行为。在中国经济转型过程中，家族企业通常面临着法制不健全、产权保护薄弱、融资体系不完善、职业经理人市场发展落后等约束。完善的制度环境通常包括许多中介机构，如信用评级机构、投资分析师、风险投资公司、搜索和招聘机构等，具有更完善的融资体系、职业经理人市场和咨询服务等，可以为家族企业开展国际化经营活动提供更广泛、更公平的资源获取渠道，使家族企业更容易在市场化的条件下获得国际化经营活动所需资金、人才、技术等资源支持，并降低由制度歧视和制度差距给家族企业国际化经营活动带来的交易成本；同时，完善的制度环境，可以为家族企业国际化经营活动提供更加有效的产权保护和专利保护，并直接促进具有较高技术复杂度产品的出口，保证外包所需要的知识产权保护和契约实施保护。因此，在完善的制度环境下，家族企业更倾向于选择国际化战略。

在中国经济转型时期，家族涉入对家族企业国际化的影响依赖于家族企业所处外部制度环境。制度环境越完善，企业决策者越倾向于追求长期导向战略，而完善的制度环境与家族所有权和家族管理权的交互作用，会引导家族企业更加关注企业的长期生存与发展，更倾向于选择具有长期导向特征的国际化战略。对此提出如下假设：

H3：制度环境强化了家族涉入对家族企业国际化的影响，即随着家族企业所处制度环境的逐步完善，家族涉入对家族企业国际化的影响增大。

3.2.4 政治关系在家族涉入与家族企业国际化之间的调节作用

在中国经济转轨过程中，各级政府部门和官员在解释和执行相关政策时，都享有高度的权力，甚至直接干预商业活动（Sheng et al.，2011）。由于缺乏资源和合法性，家族企业往往会采用各种手段与政府部门或官员建立关系，以利于家族企业国际化扩张。

这种关系便利家族企业与具有良好国际业务或国际声誉的大型国有企业、科研院所等建立社会联系，提升家族企业在海外市场的合法性，从而增强国外技术供应商的合作意愿和企业海外市场拓展能力（Wang et al.，2015）。这种关系给企业带来的好处主要体现在资源支持、政策倾斜及合法性提升三个方面

(Napshin and Azadegan，2012)。短期来看，这种关系使家族企业获得政府管制的稀缺性资源和政策支持，如银行贷款、土地资源、产业或市场准入、有关出口和"一带一路"背景下中外投资的政策信息、税收减免、政府补贴等（Chen and Wu，2011），降低制度不完善给家族企业带来的资源与能力约束。但是构建和维持关系可能需要家族企业付出大量的寻租成本并挤占企业的资源（袁建国等，2015），这不利于市场机制运作，甚至导致腐败，也增大家族企业国际化经营活动的交易成本。

在中国经济转型时期，尽管就中国家族企业整体而言，这种关系能够通过整合各类资源发挥资源补偿性作用，但是长远来看，隐患极大，影响较坏。家族企业需要通过正当的政企关系获取家族企业国际化经营活动所需稀缺性资源和政策支持，解决由于家族涉入对家族企业国际化扩张带来的资源与能力限制，获取家族企业合法性支持。对此提出如下假设：

H4：政治关系强化了家族涉入对家族企业国际化的影响，即随着家族企业政治关系的增多，家族涉入对家族企业国际化的影响增大。

综上所述，本章的研究模型如图 3.1 所示。

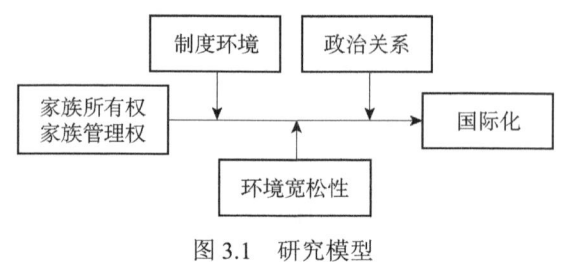

图 3.1　研究模型

3.3　研究设计

3.3.1　数据来源

本章数据采集自课题组 2016 年 8～10 月对"一带一路"沿线中国 8 个重点省（直辖市）274 家具有国际业务（出口、境外直接投资）的样本家族企业的问卷调查数据。样本与数据收集的具体情况见 1.5.3。

3.3.2 变量测量

（1）因变量。对家族企业国际化战略的测量，选择了国际化深度和国际化广度两类指标（陈立敏，2014）。其中：①国际化深度（DEPT），定义为2015年企业出口收入占当年总销售收入的份额；②国际化广度（BREA），定义为2015年企业产品出口和境外投资所涉及的国家和地区数量的自然对数（以消除异方差）。

（2）自变量。对家族涉入的测量，借鉴了Klein等（2005）的研究，选择家族所有权和家族管理权两类指标。其中：①家族所有权（FO），定义为企业主及家族成员的持股份额；②家族管理权（FM），采用企业高管团队中家族成员比重测量，比重在0%、0%~20%、21%~50%、51%~80%、80%以上分别赋值1~5。

（3）调节变量。①环境宽松性（EM），借鉴Dębicki（2012）的量表，包括3个题项，分别是：在国内企业具有很容易利用的大量投资和营销机会、在国内企业处于很少有竞争和障碍的行业、在国内企业生存和发展很安全。各变量采用利克特量表衡量，取值1~5，分别表示"完全不同意""不太同意""一般""比较同意""完全同意"。探索性因子分析显示，KMO为0.673，变量的累计解释量达71.466%，Cronbach α为0.794，表明量表具有良好的信度和效度；②制度环境（IE），采用王小鲁等（2017）编制的2014年中国各省份市场化指数测量，该指数包括政府与市场的关系、非国有经济的发展、产品市场的发育、市场中介组织和法律制度环境五个方面的内容，能够较好地反映家族企业所处的制度环境情况；③政治关系（POL），采用虚拟变量衡量，企业总裁、总经理或其他高管人员担任人大代表或政协委员赋值为1，否则为0。

（4）控制变量。结合现有研究家族企业国际化前因的文献（Fernández and Nieto，2005；Gómez-Mejía et al.，2010；Sciascia et al.，2012；Liang et al.，2014），本研究控制了企业规模、企业年限、产业类型、国际化经验和企业前期绩效对家族企业国际化的可能影响。①企业规模（SIZE），以2015年底企业员工人数的自然对数测量；②企业年限（AGE），以企业创立年限的自然对数测量；③产业类型（INDU），采用虚拟变量衡量，制造业赋值为1，否则为0；④国际化经验（EIE），采用虚拟变量衡量，企业所有者或高层管理者具有海外学习、生活、工作、从事海外业务或海外商务出差经历赋值为1，否则为0；

⑤企业前期绩效（PERM），包括与主要同行竞争对手相比近3年企业的利润增长、销售额增长、市场份额增长和总资产回报情况4个题项。各变量采用利克特量表衡量，取值1～5，分别表示"很差""较差""持平""较好""很好"。探索性因子分析显示，KMO为0.820，变量的累计解释量达72.775%，Cronbach α为0.874，表明量表具有良好的信度和效度。

3.4　实证分析结果

3.4.1　变量的描述性统计与相关性分析

表3.1揭示，家族企业具有高水平的家族所有权涉入（均值=0.851），但家族涉入企业管理的程度较低（均值=2.974）。相关分析显示，家族企业国际化深度与家族所有权、家族管理权、环境宽松性和制度环境之间显著正相关（$p<0.05$），家族企业国际化深度与政治关系之间显著负相关（$p<0.01$）；家族企业国际化广度与家族所有权、家族管理权、制度环境之间显著正相关（$p<0.05$）。

3.4.2　假设检验

本章采用层级回归分析方法检验研究假设，共设置了6个回归模型，检验结果见表3.2和表3.3。其中：模型1包括所有控制变量和调节变量；模型2在模型1的基础上加入解释变量——家族涉入（家族所有权、家族管理权），以检验家族涉入对家族企业国际化深度和国际化广度的影响；模型3在模型2的基础上加入环境宽松性与家族涉入的交互项，以检验环境宽松性的调节作用；模型4在模型2的基础上加入制度环境与家族涉入的交互项，以检验制度环境的调节作用；模型5在模型2的基础上加入政治关系与家族涉入的交互项，以检验政治关系的调节作用；模型6包括了所有控制变量、调节变量、解释变量和交互项变量。为了克服变量相乘带来的多重共线性问题，对交互项进行了中心化处理。对所有回归方程进行多重共线性检验发现，所有变量的方差膨胀因子（VIF）最大值为2.023，表明多重共线性问题不严重。

表 3.1 描述性统计分析与相关系数

变量	均值	标准差	DEPT	BREA	FO	FM	EM	IE	POL	SIZE	AGE	INDU	EIE
DEPT	0.459	0.385	1										
BREA	1.243	0.977	0.304***	1									
FO	0.851	0.185	0.239***	0.163**	1								
FM	2.974	1.284	0.379***	0.193***	0.206**	1							
EM	2.736	0.827	0.123*	-0.078	0.030	0.031	1						
IE	8.120	2.061	0.356***	0.142*	0.090	0.394***	0.017	1					
POL	0.194	0.396	-0.184+	0.050	-0.107+	-0.160**	-0.014	-0.346***	1				
SIZE	4.163	1.575	-0.339***	0.075	-0.256***	-0.248***	-0.029	-0.259***	0.370***	1			
AGE	2.259	0.694	-0.047	0.220***	0.057	-0.090	0.030	-0.045	0.164**	0.376***	1		
INDU	0.774	0.419	0.021	0.122*	-0.099	0.044	-0.053	0.187**	-0.043	0.239***	0.070	1	
EIE	0.735	0.442	0.031	0.137*	-0.067	-0.146*	-0.120*	-0.041	0.081	0.071	0.129*	0.007	1
PERM	3.295	0.749	0.104*	0.164**	0.009	0.018	0.144*	0.088	0.128*	0.105+	-0.043	0.026	0.144*

+$p<0.10$, *$p<0.05$, **$p<0.01$, ***$p<0.001$; 双侧检验。

表 3.2 家族涉入对家族企业国际化深度影响的分析结果

变量	模型1	模型2	模型3	模型4	模型5	模型6
-CONS	−0.064 (0.161)	−0.385* (0.188)	−0.336+ (0.188)	−0.482* (0.189)	−0.340+ (0.188)	−0.379* (0.192)
SIZE	−0.077*** (0.016)	−0.061*** (0.016)	−0.065*** (0.017)	−0.059*** (0.016)	−0.058** (0.017)	−0.062*** (0.016)
AGE	0.041 (0.033)	0.032 (0.033)	0.033 (0.033)	0.034 (0.033)	0.031 (0.033)	0.034 (0.032)
INDU	0.044 (0.054)	0.052 (0.053)	0.051 (0.053)	0.042 (0.053)	0.044 (0.053)	0.040 (0.052)
EIE	0.045 (0.049)	0.071 (0.048)	0.065 (0.049)	0.075 (0.048)	0.080 (0.049)	0.069 (0.048)
PERM	0.051+ (0.030)	0.043 (0.029)	0.059* (0.029)	0.036 (0.029)	0.035 (0.029)	0.046 (0.029)
EM	0.047+ (0.026)	0.047+ (0.025)	0.046+ (0.025)	0.042+ (0.025)	0.048+ (0.025)	0.042+ (0.025)
IE	0.048*** (0.011)	0.031* (0.012)	0.025* (0.012)	0.047*** (0.013)	0.031* (0.012)	0.040** (0.014)
POL	0.001 (0.060)	−0.005 (0.059)	−0.014 (0.058)	0.020 (0.059)	−0.040 (0.062)	−0.006 (0.064)
FO		0.243* (0.118)	0.211+ (0.119)	0.264* (0.118)	0.226+ (0.119)	0.206+ (0.119)
FM		0.069*** (0.018)	0.069*** (0.018)	0.049* (0.019)	0.065*** (0.018)	0.050** (0.019)
FO×EM			−0.292* (0.142)			−0.309* (0.141)
FM×EM			0.041* (0.020)			0.035+ (0.020)
FO×IE				0.039 (0.054)		0.040 (0.056)
FM×IE				0.027* (0.011)		0.023* (0.011)
FO×POL					0.053 (0.268)	0.243 (0.277)
FM×POL					−0.098* (0.049)	−0.067+ (0.051)
R^2	0.219	0.277	0.296	0.299	0.288	0.322
Adjusted R^2	0.196	0.249	0.263	0.266	0.255	0.279
F	9.174***	9.849***	8.945***	9.047***	8.606***	7.453***
N	270	268	268	268	268	268

+$p<0.10$,*$p<0.05$,**$p<0.01$,***$p<0.001$。

表 3.3 家族涉入对家族企业国际化广度影响的分析结果

变量	模型 1	模型 2	模型 3	模型 4	模型 5	模型 6
-CONS	−0.575 (0.442)	−1.393** (0.517)	−1.331* (0.519)	−1.456** (0.525)	−1.310* (0.515)	−1.449** (0.527)
SIZE	−0.025 (0.045)	0.019 (0.046)	0.012 (0.046)	0.025 (0.046)	0.012 (0.046)	0.008 (0.046)
AGE	0.333** (0.096)	0.288** (0.096)	0.305** (0.096)	0.276** (0.096)	0.272** (0.095)	0.289** (0.095)
INDU	0.177 (0.150)	0.199 (0.148)	0.219 (0.147)	0.194 (0.148)	0.222 (0.146)	0.230 (0.145)
EIE	0.155 (0.134)	0.209 (0.134)	0.170 (0.135)	0.211 (0.133)	0.174 (0.133)	0.128 (0.133)
PERM	0.215* (0.081)	0.197* (0.079)	0.184* (0.081)	0.184* (0.079)	0.180* (0.079)	0.153+ (0.080)
EM	−0.118 (0.071)	−0.124+ (0.069)	−0.126+ (0.069)	−0.144* (0.070)	−0.117+ (0.068)	−0.136* (0.069)
IE	0.062+ (0.031)	0.026 (0.033)	0.027 (0.034)	0.052 (0.037)	0.039 (0.033)	0.081* (0.038)
POL	0.121 (0.167)	0.116 (0.165)	0.115 (0.164)	0.140 (0.167)	0.242 (0.172)	0.332+ (0.179)
FO		0.731* (0.332)	0.688* (0.333)	0.739* (0.332)	0.610+ (0.331)	0.593+ (0.331)
FM		0.142** (0.050)	0.148** (0.049)	0.107* (0.054)	0.151** (0.049)	0.109* (0.053)
FO×EM			−0.220 (0.392)			−0.272 (0.386)
FM×EM			−0.114* (0.056)			−0.112* (0.055)
FO×IE				−0.158 (0.150)		0.005 (0.153)
FM×IE				0.053+ (0.031)		0.070* (0.031)
FO×POL					2.148** (0.733)	2.375** (0.762)
FM×POL					0.067 (0.136)	0.124 (0.141)
R^2	0.119	0.173	0.190	0.184	0.202	0.235
Adjusted R^2	0.095	0.139	0.149	0.143	0.162	0.183
F	4.361***	5.073***	4.702***	4.527***	5.090***	4.548***
N	256	254	254	254	254	254

+p<0.10, *p<0.05, **p<0.01, ***p<0.001。

（1）家族涉入对家族企业国际化的影响。

表 3.2 模型 2、表 3.3 模型 2 分别检验了家族所有权、家族管理权对家族企业国际化深度和国际化广度影响的主效应。由表 3.2 模型 2 可知，家族所有权和家族管理权对家族企业国际化深度具有显著的正向影响（$β=0.243$，$p<0.05$；$β=0.069$，$p<0.001$）；由表 3.3 模型 2 可知，家族所有权和家族管理权对家族企业国际化广度具有显著的正向影响（$β=0.731$，$p<0.05$；$β=0.142$，$p<0.01$）。在后续模型 3、模型 4、模型 5 和模型 6 考虑环境宽松性、制度环境和政治关系的调节作用后，这种正向影响关系仍然显著。该研究结论与前期研究一致（Zahra，2003；Carr and Bateman，2009；Fang et al.，2018）。因此，假设 H1a、假设 H1b 得到验证。

（2）环境宽松性在家族涉入与家族企业国际化之间的调节作用。

表 3.2 模型 3 和模型 6、表 3.3 模型 3 和模型 6 检验了环境宽松性在家族所有权、家族管理权与家族企业国际化深度、国际化广度之间关系的调节作用。由表 3.2 模型 3 和模型 6 可知，环境宽松性与家族所有权的交互项（FO×EM）对家族企业国际化深度具有显著的负向影响（$β=-0.292$，$p<0.05$；$β=-0.309$，$p<0.05$），环境宽松性与家族管理权的交互项（FM×EM）对家族企业国际化深度则产生了显著的正向影响（$β=0.041$，$p<0.05$；$β=0.035$，$p<0.10$）；由表 3.3 模型 3 和模型 6 显示可知，环境宽松性与家族管理权的交互项（FM×EM）对家族企业国际化广度具有显著的负向影响（$β=-0.114$，$p<0.05$；$β=-0.112$，$p<0.05$），环境宽松性与家族所有权的交互项（FO×EM）对家族企业国际化广度虽有负向影响，但该负向影响并不具有显著性（$β=-0.220$，$p>0.10$；$β=-0.272$，$p>0.10$）。

根据环境宽松性的中位数将样本家族企业进行分组，分组回归结果显示（表 3.4 和表 3.5）：在低宽松环境样本组中，家族所有权对家族企业国际化深度具有显著的正向影响（$β=0.331$，$p<0.05$），并且该正向影响的临界值大于高宽松环境样本组中相应影响的临界值（$β=0.172$，$p>0.10$）；同时，在低宽松环境样本组中，家族管理权对家族企业国际化广度具有显著的正向影响（$β=0.260$，$p<0.01$），并且该正向影响的临界值大于高宽松环境样本组中相应影响的临界值（$β=0.032$，$p>0.10$）；此外，在低宽松环境样本组中，家族管理权对家族企业国际化深度具有显著的正向影响（$β=0.048$，$p<0.10$），并且该正向影响的临界值小

于高宽松环境样本组中相应影响的临界值（$\beta=0.082$，$p<0.01$）。以上分析表明：环境宽松性弱化了家族所有权对家族企业国际化深度的正向作用及家族管理权对家族企业国际化广度的正向作用，但环境宽松性强化了家族管理权对家族企业国际化深度的正向作用，即随着家族企业所处国内行业环境宽松性的增加，家族所有权对家族企业国际化深度的正向影响减小，家族管理权对家族企业国际化广度的正向影响减小，而家族管理权对家族企业国际化深度的正向影响增大。假设 H2 得到部分验证。

（3）制度环境在家族涉入与家族企业国际化之间的调节作用。

表 3.2 模型 4 和模型 6、表 3.3 模型 4 和模型 6 检验了制度环境在家族所有权、家族管理权与家族企业国际化深度、国际化广度之间关系的调节作用。由表 3.2 模型 4 和模型 6 可知，制度环境与家族管理权的交互项（FM×IE）对家族企业国际化深度具有显著的正向影响（$\beta=0.027$，$p<0.05$；$\beta=0.023$，$p<0.05$），制度环境与家族所有权的交互项（FO×IE）对家族企业国际化深度虽有正向影响但并不具有显著性（$\beta=0.039$，$p>0.10$；$\beta=0.040$，$p>0.10$）；由表 3.3 模型 4 和模型 6 可知，制度环境与家族管理权的交互项（FM×IE）对家族企业国际化广度具有显著的正向影响（$\beta=0.053$，$p<0.10$；$\beta=0.070$，$p<0.05$），制度环境与家族所有权的交互项（FO×IE）对家族企业国际化广度无显著的影响（$\beta=-0.158$，$p>0.10$；$\beta=0.005$，$p>0.10$）。

根据制度环境的中位数将样本家族企业进行分组，分组回归结果显示（表 3.4 和表 3.5）：在好制度环境样本组中，家族管理权对家族企业国际化深度具有显著的正向影响（$\beta=0.069$，$p<0.01$），并且该正向影响的临界值大于差制度环境样本组中相应影响的临界值（$\beta=0.005$，$p>0.10$）；同时，在好制度环境样本组中，家族管理权对家族企业国际化广度具有显著的正向影响（$\beta=0.200$，$p<0.001$），并且该正向影响的临界值大于差制度环境样本组中相应影响的临界值（$\beta=0.059$，$p>0.10$）。以上分析表明：制度环境强化了家族管理权对家族企业国际化深度、国际化广度的正向作用。换言之，随着母国制度环境的改善，家族管理权对家族企业国际化深度和国际化广度的正向影响增大。假设 H3 得到部分验证。

（4）政治关系在家族涉入与家族企业国际化之间的调节作用。

表 3.2 模型 5 和模型 6、表 3.3 模型 5 和模型 6 检验了政治关系在家族所有

权、家族管理权与家族企业国际化深度、国际化广度之间关系的调节作用。由表 3.2 模型 5 和模型 6 可知，政治关系与家族管理权的交互项（FM×POL）对家族企业国际化深度具有显著的负向影响（$\beta=-0.098$，$p<0.05$；$\beta=-0.067$，$p<0.10$），政治关系与家族所有权的交互项（FO×POL）对家族企业国际化深度有正向影响但并不具有显著性（$\beta=0.053$，$p>0.10$；$\beta=0.243$，$p>0.10$）；由表 3.3 模型 5 和模型 6 可知，政治关系与家族所有权的交互项（FO×POL）对家族企业国际化广度具有显著的正向影响（$\beta=2.148$，$p<0.01$；$\beta=2.375$，$p<0.01$），政治关系与家族管理权的交互项（FM×POL）对家族企业国际化广度有正向影响但并不具有显著性（$\beta=0.067$，$p>0.10$；$\beta=0.124$，$p>0.10$）。

根据有无政治关系将样本家族企业进行分组，分组回归结果显示（表 3.4 和表 3.5）：在没有政治关系的样本组中，家族管理权对家族企业国际化深度具有显著的正向影响（$\beta=0.076$，$p<0.001$），并且该正向影响的临界值大于有政治关系样本组中相应影响的临界值（$\beta=0.011$，$p>0.10$）。在有政治关系的样本组中，家族所有权对家族企业国际化广度具有显著的正向影响（$\beta=1.473$，$p<0.10$），并且该正向影响的临界值大于没有政治关系样本组中相应影响的临界值（$\beta=0.349$，$p>0.10$）。以上分析表明：母国政治关系弱化了家族管理权对家族企业国际化深度的正向作用，但强化了家族所有权对家族企业国际化广度的正向作用。换言之，随着家族企业政治关系的增多，家族管理权对家族企业国际化深度的正向影响减小，家族所有权对家族企业国际化广度的正向影响增大。假设 H4 得到部分验证。

此外，表 3.2 和表 3.3 还揭示，政治关系对家族企业国际化深度和国际化广度的主效应不显著。政治关系对家族管理权与国际化深度之间关系的削弱作用体现了政治关系的负效应，即将政治关系用于政治寻租等非生产性活动，弱化了家族企业国际化扩张的长期战略导向；政治关系对家族所有权与国际化广度之间关系的强化作用体现了政治关系的正效应，即资源供应效应。正是政治关系的正向和负向效应同时存在，导致政治关系对家族企业国际化深度和国际化广度的主效应不显著。企业规模对家族企业国际化深度具有显著的负向影响，而企业年限和企业前期绩效水平对家族企业国际化广度具有显著的正向影响。

表 3.4 家族涉入对家族企业国际化深度影响的分样本分析结果

变量	环境宽松性		制度环境		政治关系	
	高	低	好	差	有	无
-CONS	−0.411 (0.258)	−0.071 (0.252)	−0.105 (0.282)	−0.062 (0.228)	0.056 (0.406)	−0.402$^+$ (0.211)
SIZE	−0.050* (0.023)	−0.079** (0.024)	−0.045 (0.027)	−0.041$^+$ (0.022)	0.010 (0.035)	−0.066** (0.019)
AGE	0.026 (0.051)	0.036 (0.045)	0.019 (0.051)	−0.009 (0.044)	−0.045 (0.095)	0.022 (0.035)
INDU	0.004 (0.074)	0.082 (0.078)	0.114 (0.073)	0.004 (0.072)	−0.159 (0.131)	0.100$^+$ (0.057)
EIE	0.130* (0.064)	−0.018 (0.074)	0.019 (0.064)	0.175* (0.070)	0.070 (0.132)	0.099$^+$ (0.051)
PERM	0.043 (0.041)	0.069 (0.042)	−0.004 (0.045)	0.076* (0.037)	0.168* (0.062)	−0.001 (0.033)
EM			0.068$^+$ (0.037)	0.003 (0.035)	−0.061 (0.057)	0.069* (0.027)
IE	0.054** (0.017)	0.006 (0.018)			−0.019 (0.026)	0.043** (0.014)
POL	−0.049 (0.088)	0.028 (0.082)	−0.006 (0.174)	0.022 (0.060)		
FO	0.172 (0.187)	0.331* (0.158)	0.388* (0.188)	0.190 (0.152)	0.084 (0.243)	0.206 (0.134)
FM	0.082** (0.024)	0.048$^+$ (0.026)	0.069** (0.024)	0.005 (0.028)	0.011 (0.046)	0.076*** (0.019)
R^2	0.394	0.210	0.221	0.136	0.242	0.333
Adjusted R^2	0.338	0.157	0.162	0.076	0.075	0.304
F	8.042***	3.908***	3.776***	2.245*	1.452	11.471***
N	126	142	130	138	51	217

$+p<0.10$,$^*p<0.05$,$^{**}p<0.01$,$^{***}p<0.001$。

表 3.5 家族涉入对家族企业国际化广度影响的分样本分析结果

变量	环境宽松性		制度环境		政治关系	
	高	低	好	差	有	无
-CONS	−1.319$^+$ (0.705)	−1.951** (0.703)	−0.625 (0.637)	−1.108 (0.778)	−2.764* (1.258)	−0.726 (0.559)
SIZE	−0.065 (0.063)	0.094 (0.069)	0.028 (0.062)	0.010 (0.075)	−0.140 (0.105)	0.074 (0.052)
AGE	0.372** (0.139)	0.213 (0.138)	0.121 (0.120)	0.354 (0.164)	0.711* (0.342)	0.117 (0.098)
INDU	0.104 (0.203)	0.204 (0.222)	0.366* (0.164)	0.091 (0.250)	−0.239 (0.396)	0.374* (0.154)

续表

变量	环境宽松性		制度环境		政治关系	
	高	低	好	差	有	无
EIE	0.055 (0.174)	0.400⁺ (0.207)	0.206 (0.144)	0.204 (0.238)	0.407 (0.412)	0.128 (0.136)
PERM	0.329** (0.111)	0.068 (0.118)	−0.015 (0.100)	0.357** (0.125)	0.441* (0.188)	0.035 (0.87)
EM			−0.110 (0.082)	−0.162 (0.119)	−0.326⁺ (0.174)	−0.098 (0.073)
IE	0.044 (0.046)	0.023 (0.050)			0.081 (0.080)	0.050 (0.037)
POL	0.029 (0.240)	0.078 (0.236)	0.195 (0.391)	0.041 (0.208)		
FO	0.258 (0.508)	0.859⁺ (0.453)	0.891* (0.420)	0.348 (0.537)	1.473⁺ (0.746)	0.349 (0.361)
FM	0.032 (0.067)	0.260** (0.075)	0.200*** (0.055)	0.059 (0.099)	0.207 (0.145)	0.141** (0.051)
R^2	0.167	0.226	0.235	0.179	0.512	0.152
Adjusted R^2	0.101	0.168	0.176	0.116	0.400	0.113
F	2.537*	3.893***	3.995***	2.829**	4.554***	3.884**
N	124	130	127	127	49	205

⁺$p<0.10$,*$p<0.05$,**$p<0.01$,***$p<0.001$。

3.5 结论与讨论

本章研究了家族所有权、家族管理权对家族企业国际化的影响，以及行业环境宽松性、制度环境和政治关系在二者之间关系中的调节作用。利用"一带一路"沿线中国8个重点省（直辖市）样本家族企业的问卷调查数据进行实证检验，研究结果表明：第一，家族所有权、家族管理权对家族企业国际化深度和国际化广度具有显著的正向影响；第二，环境宽松性弱化了家族所有权对家族企业国际化深度的影响及家族管理权对家族企业国际化广度的影响，但环境宽松性强化了家族管理权对家族企业国际化深度的影响，即随着家族企业所处国内行业环境宽松性的增大，家族所有权对家族企业国际化深度的正向影响减小，家族管理权对家族企业国际化广度的正向影响减小，而家族管理权对家族企业国际化深度的正向影响增大；第三，制度环境强化了家族管理权对家族企业国际化深度和国际化广度的影响,即随着母国制度环境的改善,家族管理权对家族企业国际化深度和国际化广度的正向影响增大;第四,政治关系弱化了家族管理权对家族企业国际化深度的影响,但强化了家族所有权对家族企业国际化广度的影响,即随着家族企业政治关系的增多,家族管理权对家族企业国际化深度的正向影响减小,家族所有权对家族企业国际化广度的正向影响增大;此外,企业规模对家族企业国际化深度具有显著的负向影响,而企业年限和企业前期绩效水平对家族企业国际化广度具有显著的正向影响。

本章的理论贡献主要体现在以下几个方面。

第一,拓展了新兴经济体家族企业国际化前因研究。以往有关发达经济体家族企业国际化前因的研究成果,倾向于基于资源与能力观、代理理论、管家理论和社会情感财富理论视角,集中讨论家族所有权、家族管理权等家族涉入因素对家族企业国际化的影响(Pukall and Calabrò,2014);以往有关新兴经济体(如中国)家族企业国际化前因的研究成果,早期学者主要基于制度理论和产业基础理论视角,采用理论分析或案例分析方法,探讨政治环境、政策环境和市场环境等因素对家族企业国际化的影响(苏启林和欧晓明,2003;周立新,2016)。2014年以来少数国内学者开始采用计量分析方法研究家族权力等家族涉入因素对家族企业国际化的影响。有限的有关家族涉入对中国家族企业国际化影响的研究成果,忽视了中国家族企业国际化所面临的独特制度情境和产业环境对二者之间关系的调节作用(Liang et al.,2014;Dou et al.,2019;王增涛和薛丽玲,2018)。本研究结合国际化的资源与能力观、产业基础理论和制度理论等理论视角,构建了家族涉入影响中国家族企业国际化的理论分析框架,重点研究了家族所有权、家族管理权对家族企业国际化的影响及独特的情境作用机制。研究结果表明,家族涉入对新兴经济体和发达经济体中的家族企业国际化都有重要作用;中国家族企业国际化战略选择是企业的家族特征和外部环境等因素交互作用的结果。这一研究丰富和发展了新兴经济体家族企业国际化前因研究。

第二,为制度环境影响新兴经济体家族企业国际化增加了新的经验证据。不同于传统的制度分析主要强调正式制度的作用,本研究同时考察了正式制度(市场化程度)和非正式制度(政治关系)对家族涉入与家族企业国际化之间关系的调节作用。研究结果表明:正式制度与非正式制度都影响中国家族企业国际化战略；同时，家族企业家的政治关系会削弱家族管理权对国际化深度的正效应，但家族企业家的政治关系会强化家族所有权对国际化广度的正效应。政治关系对家族管理权与国际化深度之间关系的削弱作用体现了政治关系的负效应，即政治关系用于"政治寻租"和其他非生产性活动会阻碍家族企业国际化扩张；政治关系对家族所有权与国际化广度之间关系的强化作用体现了政治关系的正效应，即政治关系的资源供给效应便利家族企业国际化扩张。大多数前期研究文献主要强调民营企业家政治关系的积极作用（Chen and Wu, 2011; Li and Zhang, 2007）。因此，这一研究也丰富了新兴经济体民营企业家政治关系研究成果。

第三，深化了对家族涉入与家族企业国际化关系问题的理解。本研究区分了两种差异化的国际化战略——国际化深度和国际化广度，以及两种差异化的家族涉入变量——家族所有权和家族管理权，对家族涉入影响家族企业国际化有了更细致深入的理解。

本章研究结论对"一带一路"背景下中国家族企业国际化、家族企业管理实践和政府政策制定具有重要启示：第一，谨慎推进家族企业的股权结构和职业化管理等公司治理结构改革。在中国经济转型时期，家族所有权和家族管理权总体上仍然是一种有利于推动家族企业国际化扩张的内部治理机制。家族企业不应过早或过度稀释家族所有权和引入职业经理人。但是我们也应该认识到，家族所有权与家族管理权是一把"双刃剑"，从长远来看，家族企业仍然有必要结合企业自身状况与发展实际，适度和有计划地引入非家族股东、引入具有国际化知识和经验的职业经理人，以应对家族企业国际化增大的复杂性，满足家族企业国际化的资源和能力需求。第二，积极营造宽松有效的产业环境。中国当前正在推进和实施的"一带一路"倡议涉及设施联通、贸易畅通、资金融通等合作内容及举措，这无疑会营造宽松有效的产业环境。因此，地方政府部门应积极响应国家"一带一路"建设，进一步改善家族企业的生存环境，营造有助于家族企业国际化成长的宽松有效的产业环境。第三，完善制度环境。中国家族企业国际化的关键驱动要素之一在于制度环境的完善，当前正在推进的"一带一路"倡议是一项重大的外生政策冲击，涉及促进企业国际化的系列政策措施。因此，地方政府部门应该积极响应"一带一路"建设，进一步完善家族企业国际化成长的制度环境。第四，家族企业应该理性地保持政治嵌入的自主性。政治关系之所以被许多家族企业重视,主要原因在于,政治关系可以为家族企业国际化经营活动争取更多的稀缺资源和政策支持,也有助于家族企业在国际市场上建立社会合法性,同时应对制度环境不确定性的冲击。但是,管理者需要认识到政治关系并不总是具有生产性的。在整个社会资源一定的情况下,政治关系干扰了市场在社会资源配置中的正常作用,构建和维持政治关系也可能会付出大量的寻租成本。政治关系的消极效应会给家族企业国际化带来负面影响。因此,家族企业应该理性地保持政治嵌入的自主性,尽量避免利用政治关系进行非生产性活动,减少政治关系对家族企业国际化经营活动的消极影响。

本章研究仍然存在如下可改进之处:第一,本研究仅仅讨论了家族所有权与家族管理权等家族涉入因素对家族企业国际化的直接影响,忽视了家族文化和家族代际关系等家族涉入因素的影响,以及家族涉入影响家族企业国际化的中介作用机制。前期研究揭示,家族文化和家族代际传承也会影响家族企业国际化战略(Segaro et al.,2014;Fernández and Nieto,2005);同时,家族涉入影响家族企业的资源和能力积累以及社会情感财富保护,进而影响家族企业国际化战略选择(Pukall and Calabrò,2014)。未来研究可以进一步讨论家族文化和家族代际传承对家族企业国际化的影响;同时尝试将资源和能力获取、社会情感财富保护等作为中介变量纳入模型中,研究家族涉入影响家族企业国际化的过程机制,打开家族涉入影响家族企业国际化的"黑箱"。第二,本研究对家族企业国际化的测量,仅仅考虑了国际化程度,没有考虑国际化速度、国际化模式等国际化测量指标;对行业环境的测量,没有考虑东道国行业环境,而对母国行业环境的测量没有反映母国行业环境动态性变化;对制度环境的测量,选取市场化程度和政治关系作为母国正式制度和非正式制度的特征性变量,且没有考虑东道国制度环境。未来研究可以对相关变量进行更加细致的测量。

第四章 家族企业国际化对企业绩效的影响研究

4.1 引　　言

　　家族企业是中国民营企业的主要构成，国际化则是全球化经济背景下家族企业持续成长的重要路径（Holt，2012）。家族企业国际化问题的研究始于 Gallo 和 Sveen（1991）的开拓性工作，2000 年后才逐步引起国内外一些学者关注，研究主题聚焦于家族企业国际化影响因素和家族企业国际化过程（Pukall and Calabrò，2014），相对忽视了对家族企业国际化影响结果（如国际化对企业绩效的影响、国际化对创新能力的影响）的研究。虽然早期一些学者也提出考察家族企业国际化与企业绩效关系的必要性（Okoroafo，1999；Zahra，2003），但该领域的研究进展却非常缓慢，一个主要原因是，许多学者潜在地假定家族企业国际化是有利的企业行为，因此家族企业总是被鼓励进行国际化扩张（Graves and Shan，2014）。与这种观点的预期相一致，一些经验研究也支持家族企业国际化对企业绩效的正向影响关系。例如，Tsao 和 Lien（2013）对台湾上市家族企业的研究发现，家族企业国际化对企业绩效有显著的正向影响；Abetti 和 Phan（2004）对意大利家族企业的案例研究也支持了国际化对绩效提升的积极作用。

　　然而，根据当前流行的社会情感财富观点，规避社会情感财富损失是家族企业最显著的特征以及国际化战略决策的重要参照点（Gómez-Mejía et al.，2011；Pukall and Calabrò，2014），控制家族对社会情感财富的追求，可能使家族企业缺乏国际化经营活动所需的财务资源和管理能力等（Gómez-Mejía et al.，2011），导致家族企业国际化战略对企业绩效提升可能产生不利影响。因此，家族企业国际化对企业绩效的影响关系是复杂的，存在正向影响、负向影响和曲线关系等多种关系。例如，Graves 和 Shan（2014）对澳大利亚 4217 家非上市中小企业的研究发现，中小企业国际化不利于企业绩效提升，但中小家族企业比非家族企业在国际市场上具有更好的绩效表现；Lu 等（2015）对 225 家中国家族企业的研究揭示，家族企业国际化对企业成长具有正向影响，对企业盈利具有负向影响；Fernández-Olmos 等（2016）对西班牙家族企业的研究发现，家族企业国际化对企业绩效影响曲线呈 W 形。研究结论的不一致性，其原因可能是多方面的：忽视对二者间关系的情境特征的考察、单一理论视角的分析、样本选择的差异性等。

家族控制是家族企业国际化战略决策的重要驱动因素和参照点（Gómez-Mejía et al.，2011；Pukall and Calabrò，2014），新兴经济体国家中的家族企业倾向于与政府部门建立网络关系[①]（Acquaah，2012）。研究发现，家族控制、政治关系影响家族企业国际化资源与能力积累，以及国际化经营与交易成本等，进而影响到家族企业国际化与企业绩效关系。

本章的主要贡献是：第一，结合国际化的资源观和社会情感财富理论，利用"一带一路"沿线中国 8 个重点省（直辖市）样本家族企业的问卷调查数据，首次对中国本土家族企业国际化与企业绩效关系展开跨地区的经验研究。研究结果显示出中国家族企业国际化深度与企业绩效之间存在显著的倒 U 形关系，家族企业国际化广度与企业绩效之间存在显著的正向影响关系。第二，从家族控制、政治关系的角度去考察家族企业国际化与企业绩效关系，家族控制是家族企业区别于非家族企业最显著的特征之一，与政府部门建立良好的政治关系则体现了中国家族企业国际化的独特性。因此，这一研究有助于弥补以往过于重视分析二者之间直接关系的研究缺陷，更深刻地揭示中国家族企业国际化与企业绩效关系的情境作用机制，进一步拓展和丰富相关学术领域。

---

① 即政治关系。

4.2 研究假设

4.2.1 家族企业国际化对企业绩效的影响

家族企业国际化对企业绩效具有积极的促进作用。在国际化初始阶段，家族企业倾向于选择高地理邻近性的海外市场（Kontinen and Ojala，2012），此时家族企业所面临的国际化障碍有限，知识获取渠道更加多样化，企业组织结构和内部制度等也不需要做大幅改动（Bartlett and Ghoshal，1999），从而家族企业国际化的经营成本和交易成本相对较低；同时，在国际化初始阶段，家族企业倾向于选择出口贸易这一不威胁其独立性的国际市场进入模式，该国际化模式具有最小的资源需求和企业风险（Leonidou and Katsikeas，1996）。根据资源观国际化理论的解释，企业的资源存量影响企业国际化能力及国际化经营活动的财务绩效表现。基于资源观视角的家族企业研究把信任、利他主义、家族社会资本、长期导向等看作是家族资源的重要表现（Sirmon and Hitt，2003）。在家族企业国际化初始阶段，这些家族资源能够促进家族内部决策过程快速化、国际化过程的分享和参与愿景等家族内部关系的构建，以及家族企业与供应商、客户和政府机构等外部利益相关者的合作关系（Arregle et al.，2007；Pukall and Calabrò，2014），进而有助于家族企业降低国际环境的复杂性及国际化的交易成本，克服国际化过程中知识与信息、财务资源和管理能力不足等劣势。因此，处于国际化初始阶段的家族企业实施国际化战略的绩效表现可能更好。

随着国际化程度的提高，家族企业国际化对企业绩效可能产生消极的影响。由于不熟悉语言环境、社会文化、商业环境和政治制度等，国际化扩张将导致家族企业面临增大的环境复杂性，而拥有必要的管理能力是家族企业处理这一增大的环境复杂性问题的关键（Fernández and Nieto，2005；Graves and Thomas，2006）。财务资源通过为家族企业投资生产设施满足国际市场需求、实施特定的国际市场战略和品牌活动、雇用处理国际业务的专门人才等活动提供资金支持，也成为家族企业国际化扩张的关键因素。然而，受家族自身规模和能力的限制，家族企业国际化所需的资源和能力在家族内部可能并不存在

（Claver et al.，2009）；家族对社会情感财富目标的追求，使家族企业倾向于雇用家族经理和使用内源性融资（Gómez-Mejía et al.，2011），也不愿意在企业组织结构和职业管理系统上做出变化（Gallo and Sveen，1991），这会限制家族企业国际化所需财务资源和管理能力发展（Cerrato and Piva，2012）；此外，家族领导人对企业的直觉知识，使家族企业严重依赖非正式控制和决策制定（Moores and Mula，2000），这些个人知识不足以应对家族企业国际化扩张的需要（Fernández and Nieto，2005；Graves and Thomas，2006）。随着国际化程度的进一步提高，家族企业国际化所面临的复杂性、资源与能力约束矛盾会更加突出，东道国政治、文化和商业环境的熟悉障碍、国际化的信息处理负担、企业组织结构和职业管理系统的调整成本也将进一步增大，引起家族企业国际化成本的急速攀升，从而使得家族企业实施国际化战略可能不利于企业绩效的提升。

基于上述分析，本研究认为家族企业国际化与企业绩效关系并不是简单的正向或负向线性关系。一方面，在国际化的初始阶段，信任、利他主义、家族社会资本和长期导向等家族资源能够弥补家族企业国际化所需知识与信息、财务资源和管理能力不足等劣势，降低国际环境的复杂性及国际化的交易成本，导致家族企业实施国际化战略的绩效表现可能更好；另一方面，随着国际化程度的进一步提高，家族企业仅仅依靠家族资源已无法满足国际化的资源与能力需求，而家族对社会情感财富目标的追求也限制了家族企业国际化所需资源与能力发展，同时家族企业国际化所面临的环境复杂性及国际化的交易成本将进一步增大，可能导致家族企业实施国际化战略的绩效表现更差。对此提出如下假设：

H1：家族企业国际化与企业绩效之间呈现倒 U 形关系。

4.2.2 家族控制在家族企业国际化与企业绩效之间的调节作用

家族控制会弱化家族企业国际化对企业绩效的作用。主要原因是：具有强家族控制意愿的家族企业倾向于雇用家族成员占据关键管理职位并使用内源性融资（Gómez-Mejía et al.，2011），从而限制了家族企业国际化所需财务资源、管理资源与能力等发展；强家族控制意愿意味着家族企业相对不公平的人力资源实践（Carlson et al.，2006），尤其是当不能胜任的家族成员占据关键管理职位时，会直接导致家族所有者与企业非家族经理之间的不和谐或冲突加剧，造成家族企业额外的代理成本（Cruz and Nordqvist，2012）或增大家族企业的租金掠夺（Gómez-Mejía et al.，2011），不利于家族企业国际化对企业绩效提升发挥积极作用。对此提出如下假设：

H2：家族控制对家族企业国际化与企业绩效关系具有负向调节，即随着家族控制意愿的增强，家族企业国际化对企业绩效的影响减小。

4.2.3 政治关系在家族企业国际化与企业绩效之间的调节作用

在中国经济转型过程中，政府部门仍然掌握着大量的经济资源及其处置权，私营企业（绝大多数是家族企业）通常难以从这种体制中取得国际化经营活动所需的各种稀缺资源，尤其是金融资源，也不易获得政府的政策支持。因此，政治关系等非正式制度通常成为正式制度的重要替代机制（Xin and Pearce，1996）。

作为企业国际化的一种重要战略性资源（Johanson and Mattsson，1987），网络关系为企业提供了广泛的和独特的资源基础（Johanson and Mattsson，1987），给企业带来了多样化的资源、知识和信息。与非家族企业相比，新兴经济体国家中的家族企业更倾向与政府部门建立政治关系，利用政治关系获取稀缺资源和建立组织合法性（Acquaah，2012）。政治关系对国际化家族企业绩效的积极影响主要体现在以下几个方面：第一，与政府部门建立良好的政治关系，有助于家族企业获得政治合法性、产业或市场准入、政府补助、税收减免、土地资源、银行贷款和政策信息等稀缺资源（Pukall and Calabrò，2014；余明桂和潘红波，2009；罗党论和唐清泉，2009），在一定程度上降低了市场不完善和再分配体制对国际化家族企业的资源与能力约束；第二，拥有较多政治关系的家族企业，往往具有较强的政治理念，会时刻关注地方政府的各种经济政策、经济动态和信息，并积极调整企业行为，与政府政策保持一致（邓新明等，2014）；第三，与政府部门建立良好的政治关系，家族企业也积累了与政府部门打交道的技巧和策略，这些技巧和策略会带入海外市场（邓新明等，2014），有助于家族企业处理与海外投资地政府部门的关系，进而提升家族企业国际化的经营绩效。对此提出以下假设：

H3：政治关系对家族企业国际化与企业绩效关系具有正向调节，即随着家族企业政治关系的增多，家族企业国际化对企业绩效的影响增大。

综上所述，本章的研究模型图 4.1 所示。

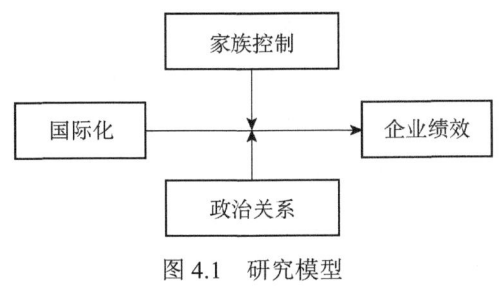

图 4.1　研究模型

4.3　研究设计

4.3.1　数据来源

本章数据采集自课题组 2016 年 8~10 月对"一带一路"沿线中国 8 个重点省（直辖市）274 家具有国际业务（出口、境外直接投资）的样本家族企业的问卷调查数据。样本与数据收集的具体情况见 1.5.3。

4.3.2　变量测量

（1）因变量。企业绩效（PERM），包括"与主要同行竞争对手相比近 3 年企业的销售额增长、利润增长、市场份额增长和总资产回报情况" 4 个测量题项。各变量采用利克特量表衡量，取值 1~5，分别表示"很差""较差""持平""较好""很好"。探索性因子分析显示，KMO 为 0.820，变量的累计解释量达 72.775%，信度系数 Cronbach α 为 0.874，表明量表具有良好的信度和效度。

（2）自变量。对家族企业国际化战略的测量，选择了国际化深度和国际化广度两类指标（陈立敏，2014）。其中：①国际化深度（DEPT），定义为 2015 年企业出口收入占当年总销售收入的份额；②国际化广度（BREA），定义为 2015 年企业产品出口和境外投资所涉及的国家和地区数量的自然对数。

（3）调节变量。①家族控制（FC），借鉴 Berrone 等（2012）的量表，包括 4 个测量题项：企业大多数股份由家族成员所有、战略决策权由家族成员掌控、关键管理岗位由家族成员担任、保持企业家族控制和独立性。各变量采用利克特量表衡量，取值 1～5，分别表示"很不重要""不太重要""一般""比较重要""很重要"。探索性因子分析显示，KMO 为 0.794，变量的累计解释量为 69.099%，信度系数 Cronbach α 为 0.850，表明量表具有良好的信度与效度；②政治关系（POL），采用虚拟变量衡量，企业总裁、总经理或其他高管人员担任人大代表或政协委员赋值为 1，否则为 0。

（4）控制变量。根据前期研究，本研究控制了企业规模、企业年限、产业类型、创新、国际化经验、企业家文化程度 6 个变量的影响。①企业规模（SIZE），大企业一般拥有更多的财务资源、管理能力、国际化经验、企业声誉和政府支持等，这些资源在国际化过程中可能转化为企业收益，本研究以 2015 年底企业员工人数的自然对数测量；②企业年限（AGE），老企业更容易积累国际化知识和经验，本研究以企业创立年限的自然对数测量；③产业类型（INDU），不同产业的企业国际化与绩效存在显著的差异（Graves and Shan，2014），采用虚拟变量衡量，制造业赋值为 1，否则为 0；④创新（INNO），创新活动通过创造和增加企业的无形资产进而提升国际化企业的经营绩效（McMahon，2010），本研究以 2015 年企业研发费用占当年总销售收入的比重测量，0.5%以下、0.5%～1%、1%～2%、3%～5%、6%～10%、11%～15%和15%以上分别编码 1～7；⑤国际化经验（EIE），采用虚拟变量衡量，企业所有者或高层管理者具有海外学习、生活、工作、从事海外业务或海外商务出差经历赋值为 1，否则为 0；⑥企业家文化程度（EDU），它通过影响个人的信息加工能力和辨析能力等影响国际化企业绩效水平，小学及以下、初中、高中（中专）、大学专科、大学本科、研究生分别编码 1～6。

4.4　实证分析结果

4.4.1　变量的描述性统计与相关性分析

表 4.1 显示，家族企业绩效与国际化深度、国际化广度、政治关系、企业规模、创新、国际化经验之间显著正相关（$p<0.10$）。这说明提高家族企业国际化深度和国际化广度有利于企业绩效的改善。家族企业国际化深度、国际化广度与企业绩效之间的关系在下文将进行详细的检验和分析。

表 4.1 描述性统计分析与相关系数

变量	均值	标准差	FERM	DEPT	BREA	FC	POL	SIZE	AGE	INDU	INNO	EIE	EDU
PERM	3.295	0.749											
DEPT	0.459	0.385	1										
BREA	1.243	0.977	0.104$^+$	1									
FC	3.486	0.882	0.164**	0.304***	1								
POL	0.194	0.396	−0.002	0.121*	0.105$^+$	1							
SIZE	4.163	1.575	0.128*	−0.184**	0.050	−0.151*	1						
AGE	2.259	0.694	0.105$^+$	−0.339***	0.075	−0.093	0.370***	1					
INDU	0.774	0.419	−0.043	−0.047	0.220***	−0.040	0.164**	0.376***	1				
INNO	2.930	1.719	0.026	0.021	0.122*	−0.070	−0.043	0.239**	0.070	1			
EIE	0.735	0.442	0.144**	−0.196**	0.021	−0.022	0.103$^+$	0.153*	−0.030	0.096	1		
EDU	4.106	1.086	0.144*	0.031	0.137*	−0.043	0.081	0.071	0.129*	0.017	0.128*	1	
			0.097	−0.079	−0.019	−0.052	0.060	0.107$^+$	−0.027	−0.060	0.108$^+$	0.230***	1

+p<0.10，*p<0.05，**p<0.01，***p<0.001；双侧检验。

4.4.2 假设检验

本章采用层级回归分析方法检验研究假设。为了检验家族企业国际化对企业绩效影响的主效应，本章共设置了 7 个回归模型，检验结果见表 4.2。其中：模型 1 包括所有控制变量和调节变量；模型 2 在模型 1 的基础上加入国际化深度的一次项；模型 3 在模型 2 的基础上加入国际化深度的二次项；模型 4 在模型 1 的基础上加入国际化广度的一次项；模型 5 在模型 4 的基础上加入国际化广度的二次项；模型 6 在模型 1 的基础上加入国际化深度的一次项和二次项，以及国际化广度的一次项；模型 7 在模型 1 的基础上，加入国际化深度的一次项和二次项，以及国际化广度的一次项和二次项。

对家族控制、政治关系在家族企业国际化与企业绩效关系的调节作用的检验，本章共设置了 7 个模型，检验结果见表 4.3。其中：模型 1 考虑了家族控制与国际化深度一次项和二次项的交互项；模型 2 考虑了家族控制与国际化广度一次项的交互项；模型 3 同时考虑了家族控制与国际化深度一次项和二次项的交互项，以及家族控制与国际化广度一次项的交互项；模型 4 考虑了政治关系与国际化深度一次项和二次项的交互项；模型 5 考虑了政治关系与国际化广度一次项的交互项；模型 6 同时考虑了政治关系与国际化深度一次项和二次项的交互项，以及政治关系与国际化广度一次项的交互项；模型 7 同时考虑了家族控制、政治关系与国际化深度一次项和二次项的交互项，以及家族控制、政治关系与国际化广度一次项的交互项。为了克服变量相乘带来的多重共线性问题，对交互项进行了中心化处理。方差膨胀因子（VIF）诊断显示，所有变量 VIF 的最大值为 1.712，表明变量间不存在严重的多重共线性问题。

1. 家族企业国际化对企业绩效的影响

由表 4.2 模型 2 可知，家族企业国际化深度对企业绩效具有显著的正向影响（$\beta=0.409$，$p<0.01$）。在后续模型 3 加入国际化深度二次项之后，家族企业国际化深度与企业绩效之间呈现出显著的倒 U 形关系（$\beta=0.438$，$p<0.01$；$\beta=-0.455$，$p<0.05$）。从表 4.2 模型 2 和模型 3 的 R^2 变化来看，加入国际化深度二次项之后模型的解释力提高了，因此，家族企业国际化深度与企业绩效关系并不是简单线性关系，而是呈现先升后降的倒 U 形关系。这说明在家族企业国际化的早期阶段，家族企业国际化深度越高越有利于企业绩效的提升，但当国际化

深度越过一定门槛后，家族企业绩效开始随着国际化深度的不断提高而下降，因此家族企业国际化深度应保持适度水平。

由表 4.2 模型 4 可知，家族企业国际化广度对企业绩效有显著的正向影响（$\beta=0.160$，$p<0.01$）。在后续模型 5 加入国际化广度二次项之后，家族企业国际化广度与企业绩效之间的倒 U 形关系并不存在（$\beta=0.148$，$p<0.05$；$\beta=0.017$，$p>0.10$）。这表明家族企业国际化广度对企业绩效仅具有显著的正向影响关系。假设 H1 得到部分验证。

2. 家族控制在家族企业国际化与企业绩效之间的调节作用

在表 4.3 模型 1 中，家族控制与国际化深度二次项交互项（$DEPT^2 \times FC$）对企业绩效虽具有负向影响但该负向影响并不具有显著性（$\beta=-0.467$，$p>0.10$），并且在后续模型 3 和模型 7 中，该负向影响关系也不具有显著性（$\beta=-0.902$，$p>0.10$；$\beta=-0.960$，$p>0.10$）。这表明家族控制对家族企业国际化深度与企业绩效关系无显著的调节作用。

在表 4.3 模型 2 中，家族控制与国际化广度一次项交互项（$BREA \times FC$）对企业绩效具有显著的负向影响（$\beta=-0.129$，$p<0.05$），并且在后续模型 3 和模型 7 中，这种负向影响关系仍然非常显著（$\beta=-0.150$，$p<0.05$；$\beta=-0.168$，$p<0.01$）。这说明家族控制对家族企业国际化广度与企业绩效关系具有显著的负向调节作用，即随着家族控制意愿的增强，家族企业国际化广度对企业绩效的正向影响减小。假设 H2 得到部分验证。

3. 政治关系在家族企业国际化与企业绩效之间的调节作用

在表 4.3 模型 4 中，政治关系与国际化深度二次项交互项（$DEPT^2 \times POL$）对企业绩效具有正向影响但该正向影响并不具有显著性（$\beta=0.969$，$p>0.10$），并且在后续模型 6 和模型 7 中，该正向影响关系也不具有显著性（$\beta=0.989$，$p>0.10$；$\beta=1.223$，$p>0.10$）。这表明政治关系对家族企业国际化深度与企业绩效关系无显著的调节作用。

在表 4.3 模型 5 中，政治关系与国际化广度一次项交互项（$BREA \times POL$）对企业绩效具有显著的正向影响（$\beta=0.318$，$p<0.01$），并且在后续模型 6 和模型 7 中，这种正向影响关系仍然非常显著（$\beta=0.265$，$p<0.05$；$\beta=0.286$，$p<0.05$）。这说明政治关系对家族企业国际化广度与企业绩效关系具有显著的正向调节作用，即随着家族企业政治关系的增多，国际化广度对企业绩效的正向影响增

大。假设 H3 得到部分验证。

表 4.2 家族企业国际化对企业绩效的影响：主效应

变量	模型 1	模型 2	模型 3	模型 4	模型 5	模型 6	模型 7
-CONS	2.875*** (0.330)	2.629*** (0.334)	2.703*** (0.332)	2.950*** (0.335)	2.957*** (0.336)	2.804*** (0.343)	2.810*** (0.343)
SIZE	0.017 (0.036)	0.050 (0.037)	0.046 (0.036)	0.022 (0.037)	0.021 (0.037)	0.046 (0.038)	0.045 (0.038)
AGE	−0.108 (0.073)	−0.123+ (0.071)	−0.122+ (0.071)	−0.190* (0.079)	−0.193* (0.079)	−0.186* (0.078)	−0.190* (0.078)
INDU	0.096 (0.117)	0.052 (0.116)	0.054 (0.115)	0.063 (0.121)	0.069 (0.122)	0.052 (0.119)	0.060 (0.120)
INNO	0.051+ (0.028)	0.065* (0.028)	0.057* (0.028)	0.047 (0.029)	0.047 (0.029)	0.053+ (0.029)	0.053+ (0.029)
EIE	0.187+ (0.109)	0.156 (0.108)	0.174 (0.107)	0.153 (0.112)	0.150 (0.112)	0.151 (0.110)	0.146 (0.111)
EDU	0.028 (0.045)	0.033 (0.044)	0.028 (0.044)	0.036 (0.046)	0.035 (0.046)	0.035 (0.045)	0.033 (0.045)
FC	0.025 (0.053)	0.008 (0.052)	0.014 (0.052)	0.004 (0.055)	0.006 (0.055)	0.000 (0.054)	0.003 (0.054)
POL	0.140 (0.128)	0.154 (0.126)	0.194 (0.126)	0.146 (0.132)	0.139 (0.133)	0.195 (0.131)	0.184 (0.132)
DEPT		0.409** (0.129)	0.438** (0.128)			0.362* (0.145)	0.369* (0.146)
DEPT^2			−0.455* (0.182)			−0.416* (0.186)	−0.418* (0.186)
BREA				0.160** (0.051)	0.148* (0.058)	0.107* (0.053)	0.088 (0.061)
BREA^2					0.017 (0.040)		0.025 (0.039)
R^2	0.052	0.088	0.109	0.094	0.095	0.130	0.132
Adjusted R^2	0.023	0.056	0.075	0.060	0.057	0.091	0.089
F	1.779+	2.748**	3.147**	2.802**	2.533**	3.287***	3.041**
N	267	267	267	253	253	253	253

+$p<0.10$，*$p<0.05$，**$p<0.01$，***$p<0.001$。

表 4.3 家族企业国际化对企业绩效的影响：家族控制与政治关系的调节作用

变量	模型 1	模型 2	模型 3	模型 4	模型 5	模型 6	模型 7
-CONS	2.808*** (0.345)	2.985*** (0.350)	2.955*** (0.351)	2.779*** (0.340)	2.824*** (0.337)	2.812*** (0.338)	3.020*** (0.345)
SIZE	0.045 (0.038)	0.038 (0.038)	0.035 (0.038)	0.037 (0.038)	0.052 (0.037)	0.047 (0.038)	0.036 (0.038)
AGE	−0.191* (0.078)	−0.179* (0.077)	−0.181* (0.078)	−0.188* (0.078)	−0.205** (0.077)	−0.206** (0.077)	−0.200** (0.077)

续表

变量	模型1	模型2	模型3	模型4	模型5	模型6	模型7
INDU	0.057 (0.120)	0.061 (0.119)	0.069 (0.119)	0.111 (0.121)	0.116 (0.119)	0.136 (0.121)	0.160 (0.120)
INNO	0.048 (0.030)	0.048 (0.029)	0.040 (0.030)	0.052^+ (0.029)	0.058^* (0.029)	0.057^* (0.029)	0.044 (0.029)
EIE	0.160 (0.111)	0.148 (0.110)	0.162 (0.110)	0.148 (0.110)	0.121 (0.109)	0.124 (0.109)	0.132 (0.109)
EDU	0.040 (0.046)	0.029 (0.045)	0.036 (0.045)	0.035 (0.045)	0.031 (0.044)	0.032 (0.044)	0.032 (0.044)
FC	0.000 (0.054)	−0.034 (0.056)	−0.038 (0.056)	0.009 (0.054)	0.003 (0.053)	0.005 (0.054)	−0.038 (0.056)
POL	0.205 (0.132)	0.208 (0.130)	0.229^+ (0.131)	0.311^* (0.139)	0.180 (0.129)	0.243^+ (0.141)	0.282^* (0.141)
DEPT	0.363^* (0.146)	0.378^{**} (0.144)	0.385^{**} (0.145)	0.412^{**} (0.146)	0.366^* (0.143)	0.395^{**} (0.145)	0.424^{**} (0.144)
DEPT^2	-0.420^* (0.186)	-0.427^* (0.184)	-0.436^* (0.184)	-0.388^* (0.188)	-0.392^* (0.183)	-0.371^* (0.186)	-0.386^* (0.184)
BREA	0.108^* (0.054)	0.101^+ (0.053)	0.099^+ (0.053)	0.079 (0.054)	0.067 (0.054)	0.059 (0.055)	0.046 (0.055)
DEPT×FC	−0.025 (0.156)		0.078 (0.161)				0.128 (0.159)
DEPT^2×FC	−0.467 (0.653)		−0.902 (0.672)				−0.960 (0.661)
BREA×FC		-0.129^* (0.059)	-0.150^* (0.063)				-0.168^{**} (0.062)
DEPT×POL				0.750^* (0.368)		0.318 (0.413)	0.300 (0.411)
DEPT^2×POL				0.969 (1.5562)		0.989 (1.549)	1.223 (1.543)
BREA×POL					0.318^{**} (0.104)	0.265^* (0.119)	0.286^* (0.118)
R^2	0.133	0.147	0.154	0.150	0.163	0.168	0.195
Adjusted R^2	0.086	0.105	0.104	0.104	0.121	0.119	0.137
F	2.826^{**}	3.452^{***}	3.087^{***}	3.250^{***}	3.900^{***}	3.426^{***}	3.357^{***}
N	253	253	253	253	253	253	253

$+p<0.10$,$*p<0.05$,$**p<0.01$,$***p<0.001$。

4.5　结论与讨论

家族企业是世界范围内极为重要的企业组织形态，国际化则是家族企业持续成长的常用战略选项之一。本章利用"一带一路"沿线中国 8 个重点省(直辖市)样本家族企业的问卷调查数据,研究家族企业国际化与企业绩效之间的基本关系,并探讨了家族控制、政治关系对二者之间关系的调节作用。本章的主要研究结论与创新集中体现在以下三个方面。

(1)中国家族企业国际化深度与企业绩效之间存在显著的倒 U 形关系,中国家族企业国际化广度对企业绩效存在显著的正向影响关系。当家族企业国际化深度较低时,随着企业国际化深度的提高,家族企业绩效呈现出上升趋势;然而,随着家族企业国际化深度的持续提升,当达到一定程度后,家族企业绩效随着国际化深度的进一步提高呈现出下降趋势;同时,随着家族企业国际化广度的提高,家族企业绩效也随之提高。以往学术界对家族企业国际化与企业绩效关系问题的研究成果,聚焦于资源与能力观、社会情感财富理论单一理论视角,并且以西方市场经济发达国家中的家族企业为主要研究对象,针对中国本土家族企业的实证研究成果还没有(李军等,2016)。本研究整合国际化的资源与能力观和社会情感财富理论,首先从理论上探讨了处于不同发展阶段的中国家族企业国际化所面临的资源与能力优势及约束,进而分析家族企业国际化对企业绩效的积极与消极作用。实证结果不同于前期文献中的正向影响(Tsao and Lien,2013)、负向影响(Lu, et al.,2015)或 W 形曲线影响(Fernández-Olmos et al.,2016)关系,这一研究进一步拓展和丰富了家族企业国际化与企业绩效关系问题的研究。

(2)家族控制对家族企业国际化广度与企业绩效关系具有显著的负向调节作用,即随着家族控制意愿的增强,家族企业国际化广度对企业绩效的正向影响减小。具有强家族控制意愿的家族企业,国际化资源与能力积累更少,国际化的经营与交易成本更高,从而导致家族企业国际化广度对企业绩效的影响更小,即家族控制弱化了家族企业国际化广度与企业绩效之间的正向关系。这也意味着,以家族控制界定不同类型的家族企业,家族企业国际化广度对企业绩效的影响有所不同。本研究不同于前期文献关注家族企业国际化与企业绩效之间的直接关系,强调家族控制对家族企业国际化与企业绩效关系的调节作用,拓展和丰富了社会情感财富理论视角的家族企业国际化研究。

(3)在中国经济转型过程中,家族企业与政府部门之间的政治关系对家族企业国际化广度与企业绩效关系具有显著的正向调节作用。政治关系的差异意味着不同的产权保护、资源与信息获取情况。具有丰富政治关系的家族企业，国际化资源与能力积累也更丰富，从而家族企业国际化广度对企业绩效的影响更大，即政治关系强化了家族企业国际化广度与企业绩效之间的关系。这也意味着，以政治联系的丰富程度界定不同类型的家族企业，家族企业国际化广度对企业绩效的影响有所不同。前期相关文献关注企业家个人政治关系对国际化战略或企业绩效的直接影响（邓新明等，2014），本研究关注家族企业政治关系对企业国际化与绩效关系的调节作用机制。这一研究拓展了政治关系、国际化战略与企业绩效关系问题的研究成果，也更深刻地揭示了中国家族企业国际化与企业绩效关系的独特制度情境。

本章研究结论对"一带一路"背景下中国家族企业国际化、家族企业管理实践和政府政策制定具有深刻启示：第一，在经济新常态背景下，中国大量的制造业家族企业面临着国内市场竞争加剧以及产业转型升级的压力，通过政策设计、出口促进计划的设计与实施等政策措施，引导和帮助这些家族企业进行国际化扩张，尤其是进入"一带一路"沿线国家，是各级地方政府部门的一个重要任务，也是家族企业自身发展的现实选择。第二，家族企业应深刻认识国际化深度对企业绩效影响的复杂阶段性特征，采取措施延迟企业绩效拐点时间的到来，尽可能保持国际化深度与企业绩效改进的同步上升关系。在国际市场选择上，家族企业应遵循邻近性原则，即首先选择地理与文化距离较近的"一带一路"沿线国家，随着国际化资源与能力等积累，逐渐扩展至地理与文化距离较远的"一带一路"沿线国家；同时，积极推进家族企业的公司治理结构改革，在企业高管团队适度引入具有国际化知识的非家族经理人员，以应对和满足家族企业国际化增大的复杂性、资源和能力需求。第三，家族企业需要对家族控制这一重要的家族非经济目标进行深入分析，以降低家族控制意愿对家族企业国际化与绩效关系的不利影响。第四，在正式制度缺失的情况下，家族企业与政府部门的良好关系可以替代正式制度促进家族企业国际化绩效的提升，因此家族企业应该评估和权衡自身与政府部门的政治关系，以充分发挥政治关系对家族企业国际化绩效的积极作用。

本章研究仍然存在改进的地方：第一，没有考虑家族企业国际化与企业绩效关系之间可能存在中介变量作用；第二，对家族企业国际化的测量，仅仅考虑了国际化程度（国际化深度和国际化广度），没有考虑国际化速度和国际化模式等国际化测量指标，对此，本书第五章将专门讨论家族企业国际化速度对企业绩效的影响关系；第三，对企业绩效的测量，没有考虑客观的财务绩效指标，也没有区分长期绩效和短期绩效指标。这些问题有待未来的研究做出完善。

第五章
家族企业国际化速度对企业绩效的影响研究

5.1 引　言

21世纪以来，在国家"走出去"战略、"一带一路"倡议等引导下，中国家族企业国际化经营呈现出快速国际化的现象。例如，根据课题组2016年对重庆、青海、陕西、云南、浙江、上海、福建和广东8个省（直辖市）具有出口和境外直接投资等国际业务的274家家族企业的问卷调查，企业创建时就进军国际市场的家族企业占36.3%，企业创建1～3年进军国际市场的家族企业占30.9%。然而，有关家族企业国际化过程的研究文献指出，大部分家族企业会选择一条渐进式的国际化路径（Claver et al.，2007；Kontinen and Ojala，2012），只有少数家族企业在创建之初就从事跨国经营，这些家族企业被称为"天生国际化企业"（Graves and Thomas，2008）。以中国为代表的新兴经济体国家中的家族企业快速国际化特征，形成了对主流的国际商务理论的挑战，要求研究者关注家族企业国际化过程中的时间维度与速度变量，并对家族企业快速国际化的情境特征进行细致深入的分析。

2000年以来，作为解释企业快速国际化现象的重要变量——国际化速度（Autio et al.，2000）逐渐受到国际商务领域研究者的关注。当前，不少研究者致力于讨论国际化速度与企业绩效关系，但是，围绕该问题的实证文献并没有达成一致性共识，结果包括正向关系（Hilmersson，2014；Zhou and Wu，2014）、负向关系（Chang and Rhee，2011；方宏和王益民，2017）、U 形关系（林治洪等，2013）、倒 U 形关系（Hilmersson and Johanson，2016；Mohr and Batsakis，2017；黄胜等，2017）等。实证结果之间的差异性，与国际化速度与企业绩效测量指标以及情境因素的差异性存在紧密关系。需要指出的是，尽管目前国内外学术界已积累较多国际化速度与企业绩效关系研究成果，然而，鲜有文献关注家族企业国际化速度与企业绩效关系。

家族所有权是家族系统涉入企业系统的重要维度变量，也是区分家族企业与非家族企业的重要特征变量。已有的研究揭示，家族所有权影响家族企业国际化资源与能力积累以及家族企业国际化战略选择（Graves and Thomas，2008）；国际市场知识和创新能力作为企业的独特资源，是企业国际化扩张的基本前提和有效保障（Luo and Tung，2007；李新春和肖宵，2017），影响家族企业国际化战略选择与企业绩效。

本章的理论贡献主要体现在：基于中国家族企业快速国际化情境，利用"一带一路"沿线中国 8 个重点省（直辖市）样本家族企业的问卷调查数据，研究家族企业国际化速度对企业绩效的影响，同时考虑家族所有权、国际市场知识和创新能力对家族企业国际化速度与企业绩效关系的调节作用。本章拓展和深化了新兴经济体国家中的国际化速度与企业绩效关系研究成果，对于快速国际化情境下的中国家族企业国际化战略选择也具有启示意义。

5.2 研究假设

5.2.1 家族企业国际化速度对企业绩效的影响

家族企业快速国际化对企业绩效具有正面影响。第一，知识基础理论认为，知识是企业最重要的战略资源和企业竞争优势的主要来源（Grant，1996）。快速国际化降低了家族企业技术和知识被淘汰或贬值风险，确保了家族企业技术和知识资源的价值；第二，企业国际化是经验积累和知识学习的过程

（Johanson and Vahlne，2009），快速国际化能够使家族企业快速地从国际市场进行经验积累和知识学习，帮助家族企业快速创造新惯例和改造现有惯例，调整企业组织结构，以适应企业国际化经营活动的需要（Autio et al.，2000）；第三，家族企业快速进入多个国际市场，能够将企业运营成本和风险等在多国市场进行分摊；第四，快速国际化是新兴经济体企业建立和获取战略资源的关键手段（Luo and Tung，2007），快速国际化能够使新兴经济体中的家族企业快速获取和开发利用国际市场上的新技术、知识、品牌和营销渠道等战略资源，从而提升家族企业国际市场竞争力。

家族企业快速国际化对企业绩效可能产生负面影响。第一，中国家族企业以中小企业为主体，企业创新能力和吸收能力较差。在企业吸收能力有限的前提下（Cohen and Levinthal，1990），快速国际化扩张将使家族企业没有充足的时间来调整组织结构、战略资源和管理能力以适应国际市场的需要，同时也使家族企业没有充足的时间把国际化经验转化为有价值的知识资源，从而遭受时间压缩不经济性（Dierickx and Cool，1989）。因此，快速国际化扩张可能导致家族企业绩效受到损害。第二，快速国际化扩张通常需要企业快速决策，由于家族企业管理者信息来源的封闭性和认知局限性，家族企业管理决策通常是不完善的，从而不利于企业绩效的提升。第三，快速国际化扩张的企业需要具备充足的资源来缓冲和弥补"先发"失误所带来的冲击（方宏和王益民，2017）。与非家族企业相比，家族企业自身的资源积累较少，而制度环境的不完善也使得中国家族企业很难通过市场交易获取资源。因此，家族企业用于创造和改造惯例以及调整企业组织结构的冗余资源非常有限。第四，对于严重缺乏国际化关键资源与管理能力的家族企业而言（Fernández and Nieto，2005），快速国际化将使企业面临巨大风险和不确定性（Vermeulen and Barkema，2002；Wagner，2004），增大企业国际化的管理、协调和治理成本，不利于家族企业绩效的提升。

综上所述，快速国际化降低了家族企业技术和知识被淘汰或贬值风险，并能够使家族企业快速获取国际战略资源及先发优势，从而提升企业绩效；然而，由于企业吸收能力等限制，家族企业快速国际化带来的收益可能会被时间压缩不经济性等所抵消。对此提出如下研究假设：

H1：家族企业国际化速度对企业绩效呈显著倒 U 形影响关系，即随着家族企业国际化速度的提高，国际化速度对企业绩效的影响呈现出先上升后下降的趋势。

5.2.2 家族所有权在家族企业国际化速度与企业绩效之间的调节作用

家族所有权会增强家族企业国际化速度对企业绩效的影响。第一，家族企业快速国际化通常需要快速决策。高水平的家族所有权涉入，增大了所有者家族控制企业运营和战略选择的可能性，同时也强化了所有者家族的权威性和决策的集中性，便于家族企业在快速国际化过程中做出及时有效的决策，进而降低家族企业快速国际化情境下增大的风险以及管理、整合和协调等交易成本。第二，家族所有权将促使家族管理者更具长期目标导向（Zellweger et al., 2012），具有长期目标导向的家族管理者通常会积极地参与企业管理，这会增强家族企业管理者的信息处理能力，有助于家族企业快速决策以应对快速国际化扩张的需要。第三，家族所有的企业倾向于与外部利益相关者建立关系网络（Gómez-Mejía et al., 2001），拥有关系网络的家族企业更容易在国际化初期获取决策所需信息和知识资源，家族企业也更倾向于选择快速国际化路径。对此提出如下假设：

H2：家族企业国际化速度与企业绩效之间的倒 U 形关系受到家族所有权的正向调节，当家族所有权较高时，倒 U 形关系会被显著强化。

5.2.3 国际市场知识在家族企业国际化速度与企业绩效之间的调节作用

新兴经济体国家中的企业普遍缺乏国际市场运作经验和知识（Luo and Tung, 2007），尤其是新兴经济体国家中的家族企业很少具有充足的国际市场知识（Gómez-Mejía et al., 2010）。丰富的国际市场知识能够增强家族企业国际化速度对企业绩效的影响作用。第一，国际市场知识能够增强家族企业对国际市场战略机遇的把握能力、国际市场信息处理能力以及快速转移和开发利用战略资源的能力（Pennings et al., 1994）。在快速国际化的情境下，国际市场知识丰富的家族企业能够更好地识别国际市场机会，快速发现、获取和开发利用各类战略资源。第二，国际市场知识能够帮助家族企业学习如何进入新市场并在新市场运营以及如何克服"新进入者劣势"（Pennings et al., 1994; Hsu et al., 2015）。在快速国际化情境下，国际市场知识丰富的家族企业能够更快和更有效地克服"新进入者劣势"。由于具有更多的海外运营知识，家族企业较少在快速国际化过程中做出次优的或具有较高成本的战略决策。第三，在快速国际化情境下，家族企业会面对更多和更复杂的海外市场风险。国际市场知识丰富的家族企业更可能发展和调整管理过程、组织结构来管理国际业务，同时，丰富的国际市场知识能够增强家族企业的风险承受能力，降低快速国际化过程中增大的风险和交易成本以及时间压缩不经济性（Jiang et al., 2014）。对此提出如下假设：

H3：家族企业国际化速度与企业绩效之间的倒 U 形关系被国际市场知识正向调节，当家族企业的国际市场知识丰富时，倒 U 形关系会被显著强化。

5.2.4 创新能力在家族企业国际化速度与企业绩效之间的调节作用

资源观的国际化理论认为，拥有一定的异质性资源和能力是企业实施国际化战略的前提。作为企业重要的异质性资源和能力，创新能力是新兴经济体国家中的企业进入发达经济体经营的基本前提和有效保障（Luo and Tung, 2007; 李新春和肖宵，2017）。第一，创新能力强的家族企业，通常拥有较高素质的研发人员和较充分的研发经验，在快速国际化过程中能够更敏锐捕捉到国外先进的技术和知识，从而维持和提升家族企业国际市场竞争力；第二，快速国际化为家族企业快速获取国外先进技术和知识提供了机会，但其成效还依赖于家族企业自身的吸收能力。创新能力较强的家族企业，在国内的创新实践中往往积累了较丰富的技术基础和较强的吸收能力，这能够帮助家族企业更好地消化吸收国际市场上的先进技术和知识（Ramamurti, 2012），并通过与家族企业自身创造的技术和知识资源进行有效结合，从而提高家族企业技术和知识资源的利用效率，以应对家族企业快速国际化过程产生的时间压缩不经济性。对此提出如下假设：

H4：家族企业国际化速度与企业绩效之间的倒 U 形关系受到创新能力的正向调节，当企业的创新能力较强时，倒 U 形关系会被显著强化。

综上所述，本章的研究模型如图 5.1 所示。

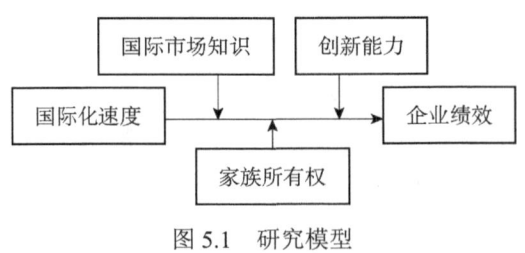

图 5.1　研究模型

5.3　研究设计

5.3.1　数据来源

本章数据采集自课题组 2016 年 8～10 月对"一带一路"沿线中国 8 个重点省（直辖市）274 家具有国际业务（出口、境外直接投资）的样本家族企业的问卷调查数据。样本与数据收集的具体情况见 1.5.3。

5.3.2　变量测量

（1）因变量。企业绩效（PERM），包括"与主要同行竞争对手相比近 3 年企业的销售额增长、利润增长、市场份额增长和总资产回报情况" 4 个测量题项。各变量采用利克特量表衡量，取值 1～5，分别表示"很差""较差""持平""较好""很好"。探索性因子分析显示，KMO 为 0.820，变量的累计解释量达 72.775%，信度系数 Cronbach α 为 0.874，表明量表具有良好的信度和效度。

（2）自变量。国际化速度（SPEE），目前国内外学界对企业国际化速度的测量，主要考虑了国际化初始速度、进入国际市场之后的国际化速度，其中，进入国际市场之后的国际化速度又可区分为基于深度的国际化速度和基于广度的国际化速度两类指标（王益民等，2017）。本研究选取基于广度的国际化速度指标，参照王益民等（2017）的研究，具体定义为"2015 年企业产品出口和境外投资所涉及的国家和地区数量除以自企业首次国外扩张以来的年数"。

（3）调节变量。①家族所有权（FC），借鉴 Klein 等（2005）的研究，采用企业主及其家族成员持有的企业股份额测量；②国际市场知识（IK），该量表来自 Cesinger 等（2016）的研究成果，包括 4 个测量题项：与同行主要竞争对手相比，企业有关国外客户需求知识、国外营销渠道知识、确定国外商业机会知识、管理国际业务知识。采用从"很差"到"很好"的利克特量表测量。量表的 Cronbach α 为 0.885；③创新能力（INNO），参照 Tsao 和 Chen（2012）的研究成果，本研究将研发投入作为创新能力的替代变量，具体定义为"2015 年企业研发经费占销售收入比重"，具体赋值如下：1=0.5%以下、2=0.5%～1%、3=1%～2%、4=3%～5%、5=6%～10%、6=11%～15%、7=15%以上。

（4）控制变量。综合前期相关研究文献，本章将企业规模、企业年限、行业类型、市场化程度作为控制变量，各变量的具体定义如下：①企业规模（SIZE），企业员工人数取自然对数；②企业年限（AGE），企业创建年限取自然对数；③产业类型（INDU），视为虚拟变量，将制造业赋值为 1，否则为 0；④市场化程度（MARK），采用王小鲁等（2017）编制的 2014 年中国各省份市场化指数测量。

5.4 实证分析结果

5.4.1 变量的描述性统计与相关性分析

表 5.1 报告了关键变量的相关系数、均值和标准差。从表 5.1 可以看出，家族企业国际化速度与企业绩效之间显著正相关（$p<0.05$）；家族企业国际市场知识、创新能力与企业绩效之间显著正相关（$p<0.01$）；此外，企业规模与企业绩效之间显著正相关（$p<0.10$）。家族企业国际化速度与企业绩效关系在下文将进行检验和分析。

5.4.2 假设检验

本章采用层级回归分析方法检验研究假设。为了检验家族企业国际化速度对企业绩效影响的主效应，以及家族所有权、国际市场知识和创新能力对二者关系的调节效应，本章共设置了 6 个回归模型，检验结果见表 5.2。其中：模型 1 包括所有控制变量和调节变量；模型 2 在模型 1 的基础上加入国际化速度一次项和国际化速度二次项；模型 3 考虑了家族所有权与国际化速度一次项和国际

表 5.1 描述性统计分析与相关系数

变量	均值	标准差	PERM	SPEE	FO	IK	INNO	SIZE	AGE	INDU	MARK
PERM	3.295	0.749	1								
SPEE	0.947	1.239	0.124*	1							
FO	0.851	0.185	0.009	0.032	1						
IK	3.485	0.772	0.262***	0.120+	0.061	1					
INNO	2.956	1.776	0.176**	0.202**	0.002	0.004	1				
SIZE	4.163	1.575	0.105+	0.049	-0.255***	-0.019	0.153*	1			
AGE	2.259	0.694	-0.043	-0.128*	0.057	0.078	-0.011	0.376***	1		
INDU	0.774	0.419	0.026	0.064	-0.099	0.027	0.066	0.239***	0.070	1	
MARK	8.120	2.061	0.088	0.042	0.090	0.126*	0.065	-0.259***	-0.046	0.187**	1

+$p<0.10$, *$p<0.05$, **$p<0.01$, ***$p<0.001$; 双侧检验。

化速度二次项的交互项；模型 4 考虑了国际市场知识与国际化速度一次项和国际化速度二次项的交互项；模型 5 考虑了创新能力与国际化速度一次项和国际化速度二次项的交互项；模型 6 同时考虑了家族所有权、国际市场知识、创新能力与国际化速度一次项和国际化速度二次项的交互项。为了克服变量相乘带来的多重共线性问题，对交互项进行了中心化处理。方差膨胀因子（VIF）诊断显示，所有变量 VIF 的最大值均低于 10。这表明变量间不存在严重的多重共线性问题。

表 5.2　家族企业国际化速度对企业绩效影响的分析结果

变量	模型 1	模型 2	模型 3	模型 4	模型 5	模型 6
-CONS	1.868*** (0.373)	1.869*** (0.384)	1.746*** (0.382)	1.728*** (0.380)	1.878*** (0.378)	1.626*** (0.371)
SIZE	0.073* (0.034)	0.073* (0.036)	0.079* (0.036)	0.074* (0.035)	0.072* (0.035)	0.079* (0.034)
AGE	−0.147* (0.069)	−0.124 (0.076)	−0.125+ (0.075)	−0.116 (0.075)	−0.106 (0.075)	−0.101 (0.073)
INDU	−0.025 (0.113)	−0.018 (0.116)	−0.005 (0.114)	0.006 (0.113)	0.012 (0.114)	0.044 (0.110)
MARK	0.030 (0.023)	0.029 (0.024)	0.032 (0.023)	0.044+ (0.023)	0.029 (0.023)	0.046* (0.023)
FO	0.163 (0.248)	0.079 (0.260)	0.176 (0.258)	0.082 (0.254)	0.059 (0.255)	0.166 (0.248)
IK	0.259*** (0.057)	0.239*** (0.060)	0.237*** (0.059)	0.221*** (0.060)	0.212*** (0.060)	0.191** (0.058)
INNO	0.066** (0.025)	0.062* (0.027)	0.061* (0.027)	0.074** (0.026)	0.075** (0.027)	0.084** (0.026)
SPEE		0.179* (0.072)	0.146* (0.073)	0.152* (0.071)	0.219** (0.072)	0.159* (0.071)
SPEE^2		−0.041* (0.016)	−0.029+ (0.017)	−0.031+ (0.017)	−0.061** (0.018)	−0.040* (0.020)
SPEE×FO			1.250** (0.419)			1.262** (0.403)
SPEE^2×FO			−0.253* (0.100)			−0.255* (0.098)
SPEE×IK				0.365*** (0.101)		0.333** (0.099)
SPEE^2×IK				−0.089* (0.035)		−0.084* (0.035)
SPEE×INNO					−0.136** (0.041)	−0.133** (0.041)

续表

变量	模型 1	模型 2	模型 3	模型 4	模型 5	模型 6
$SPEE^2 \times INNO$					0.032** (0.009)	0.032** (0.009)
R^2	0.129	0.151	0.181	0.197	0.190	0.263
Adjusted R^2	0.106	0.119	0.141	0.160	0.153	0.216
F	5.491***	4.770***	4.827***	5.343***	5.132***	5.604***
N	267	252	252	252	252	252

+$p<0.10$，*$p<0.05$，**$p<0.01$，***$p<0.001$。

1. 家族企业国际化速度对企业绩效的影响

表 5.2 模型 1 为仅仅包括控制变量和调节变量的基本模型，表 5.2 模型 2 在模型 1 基础上加入了解释变量（国际化速度一次项和国际化速度二次项）后的检验模型。回归结果发现，家族企业国际化速度一次项对企业绩效具有显著的正向影响（$\beta=0.179$，$p<0.05$），家族企业国际化速度二次项对企业绩效具有显著的负向影响（$\beta=-0.041$，$p<0.05$）。这一结果表明家族企业国际化速度对企业绩效具有显著的倒 U 形影响。由此，假设 H1 得到实证结果的支持。这表明随着国际化速度的提高，家族企业国际化速度对企业绩效的影响呈现出先上升后下降的趋势。

2. 家族所有权在家族企业国际化速度与企业绩效之间的调节作用

表 5.2 模型 3 和模型 6 检验了家族所有权对家族企业国际化速度与企业绩效关系的调节作用。回归发现，家族所有权与国际化速度二次项的交互项（$SPEE^2 \times FO$）对企业绩效具有显著的负向影响（$\beta=-0.253$，$p<0.05$；$\beta=-0.255$，$p<0.05$），家族所有权与国际化速度一次项的交互项（$SPEE \times FO$）对企业绩效具有显著的正向影响（$\beta=1.250$，$p<0.01$；$\beta=1.262$，$p<0.01$）。

此外，基于家族所有权中位数的分组回归发现（表 5.3）：高家族所有权企业的国际化速度与绩效的倒 U 形关系（$\beta=0.339$，$p<0.01$；$\beta=-0.069$，$p<0.01$）大于低家族所有权企业（$\beta=-0.027$，$p>0.10$；$\beta=0.002$，$p>0.10$）。这说明家族企业国际化速度与企业绩效之间的倒 U 形关系受到家族所有权的正向调节，当家族所有权较大时，国际化速度与企业绩效之间的倒 U 形关系会受到显著强化。由此，假设 H2 得到实证结果的支持。

3. 国际市场知识在家族企业国际化速度与企业绩效之间的调节作用

表 5.2 模型 4 和模型 6 检验了国际市场知识对家族企业国际化速度与企业绩效关系的调节作用。回归结果发现，国际市场知识与国际化速度二次项的交互项（$SPEE^2 \times IK$）对企业绩效具有显著的负向影响（$\beta=-0.089$，$p<0.05$；$\beta=-0.084$，$p<0.05$），国际市场知识与国际化速度一次项的交互项（$SPEE \times IK$）对企业绩效具有显著的正向影响（$\beta=0.365$，$p<0.001$；$\beta=0.333$，$p<0.01$）。

此外，基于国际市场知识中位数的分组回归发现（表 5.3）：国际市场知识丰富企业的国际化速度与绩效的倒 U 形关系（$\beta=0.343$，$p<0.01$；$\beta=-0.073$，$p<0.01$）大于国际市场知识贫乏企业（$\beta=-0.091$，$p>0.10$；$\beta=0.026$，$p>0.10$）。这说明家族企业国际化速度与企业绩效之间的倒 U 形关系受到国际市场知识的正向调节，当家族企业国际市场知识较丰富时，国际化速度与企业绩效之间的倒 U 形关系会受到显著强化。由此，假设 H3 得到实证结果的支持。

4. 创新能力在家族企业国际化速度与企业绩效之间的调节作用

表 5.2 模型 5 和模型 6 检验了创新能力对家族企业国际化速度与企业绩效关系的调节作用。回归结果发现，创新能力与国际化速度二次项的交互项（$SPEE^2 \times INNO$）对企业绩效具有显著的正向影响（$\beta=0.032$，$p<0.01$；$\beta=0.032$，$p<0.01$），创新能力与国际化速度一次项的交互项（$SPEE \times INNO$）对企业绩效具有显著的负向影响（$\beta=-0.136$，$p<0.01$；$\beta=-0.133$，$p<0.01$）。

此外，基于创新能力中位数的分组回归发现（表 5.3）：低创新能力企业的国际化速度与绩效的倒 U 形关系（$\beta=0.517$，$p<0.001$；$\beta=-0.090$，$p<0.05$）大于高创新能力企业（$\beta=0.028$，$p>0.10$；$\beta=-0.015$，$p>0.10$）。这说明家族企业国际化速度与企业绩效之间的倒 U 形关系受到创新能力的负向调节，当家族企业创新能力较低时，国际化速度与企业绩效之间的倒 U 形关系会受到显著强化。由此假设 H4 没有得到实证结果的支持。原因可能有以下两点：第一，企业技术知识具有地域限制性（Rugman and Verbeke，2004），家族企业快速扩张至新的国家或地区时，往往需要企业技术和知识尽快更新与适应，由于路径依赖，家族企业通常会沿着以往的经验和惯例进行技术和知识搜索，这会限制家族企业吸收国际市场上新技术和知识的能力；第二，家族企业在短时间内调整技术可能会加剧时间压缩不经济性，增大家族企业国际化经营活动的成本和失败的风险，从而不利于企业绩效的提升。

表 5.3 家族企业国际化速度对企业绩效影响的分样本分析结果

变量	家族所有权		国际市场知识		创新能力	
	高	低	多	少	高	低
-CONS	0.962+ (0.495)	2.612*** (0.402)	2.576*** (0.559)	2.307*** (0.474)	1.875*** (0.518)	1.895*** (0.615)
SIZE	0.027 (0.059)	0.105* (0.043)	0.037 (0.050)	0.138* (0.054)	0.065 (0.049)	0.101+ (0.055)
AGE	0.091 (0.114)	−0.322** (0.098)	−0.071 (0.104)	−0.166 (0.118)	−0.164 (0.101)	−0.018 (0.129)
INDU	−0.033 (0.163)	0.035 (0.171)	−0.002 (0.177)	0.001 (0.152)	0.161 (0.159)	−0.081 (0.173)
MARK	0.038 (0.034)	0.039 (0.032)	0.015 (0.038)	0.070* (0.030)	0.044 (0.035)	0.027 (0.033)
FO			0.359 (0.389)	−0.113 (0.351)	0.103 (0.329)	0.128 (0.416)
IK	0.387*** (0.091)	0.111 (0.074)			0.298*** (0.078)	0.101 (0.097)
INNO	0.057 (0.040)	0.082* (0.035)	0.070+ (0.040)	0.077* (0.038)		
SPEE	0.339** (0.104)	−0.027 (0.098)	0.343** (0.100)	−0.091 (0.112)	0.028 (0.085)	0.517*** (0.138)
SPEE²	−0.069** (0.021)	0.002 (0.025)	−0.073** (0.021)	0.026 (0.031)	−0.015 (0.018)	−0.090* (0.042)
R^2	0.248	0.171	0.142	0.134	0.154	0.189
Adjusted R^2	0.198	0.112	0.087	0.071	0.102	0.127
F	4.975***	2.912**	2.580*	2.112*	2.945**	3.061**
N	130	122	134	118	138	114

+$p<0.10$,*$p<0.05$,**$p<0.01$,***$p<0.001$。

5.5 结论与讨论

在国家"走出去"战略、"一带一路"倡议等引导下,近年来中国家族企业国际化经营呈现出快速国际化的特征。针对这一现象,本章重点研究了家族企业国际化速度对企业绩效的影响关系,同时考虑了家族所有权、国际市场知识和创新能力对二者关系的调节作用。利用"一带一路"沿线中国8个重点省(直辖市)具有国际业务的家族企业的问卷调查数据进行实证分析,得出以下四个研究结论：第一，家族企业国际化速度对企业绩效具有显著的倒 U 形影响，即家族企业国际化速度对企业绩效的影响呈现出先上升后下降的趋势；第二，家族企业国际化速度与企业绩效之间的倒 U 形关系受到家族所有权的正向调节，即当家族所有权较高时，家族企业国际化速度与企业绩效之间的倒 U 形关系会被显著强化；第三，家族企业国际化速度与企业绩效之间的倒 U 形关系受到企业国际市场知识的正向调节，即当企业国际市场知识较丰富时，家族企业国际化速度与企业绩效之间的倒 U 形关系会被显著强化；第四，家族企业国际化速度与企业绩效之间的倒 U 形关系受到企业创新能力的负向调节，即当企业创新能力较低时，家族企业国际化速度与企业绩效之间的倒 U 形关系会被显著强化。

本章研究有以下三个方面的理论贡献：第一，拓展了新兴经济体国家中的国际化速度与企业绩效关系研究。传统的国际化理论认为企业应该逐步国际化，但本研究的结果表明以中小企业为主体的中国家族企业实际上能够从快速国际化过程中获益，但是，过快的国际化扩张也不利于家族企业绩效提升。因此，本研究调和了国际商务文献中关于国际化速度对企业绩效具有积极和消极影响两种相互矛盾的观点，这一研究也拓展了新兴经济体国家中的国际化速度与企业绩效关系研究。第二，本章引入家族所有权这一区分家族企业与非家族企业的重要特征变量，探讨家族所有权对家族企业国际化速度与绩效关系的调节作用。研究结论为更好地解释家族特征对家族企业国际化速度与绩效关系的影响机制，以及不同类型家族企业的国际化速度与绩效关系提供了新的经验证据。第三，本章引入企业创新能力这一重要的情境变量，凸显了家族企业国际化战略决策中异质性资源与能力的重要性，与预期相反，创新能力弱化了家族企业国际化速度对企业绩效的影响作用，该研究为当前以中小企业为主体的中国家族企业创新技术活动的局限性提供了新的经验证据。

本章研究结论对中国家族企业国际化战略选择具有启示意义：第一，家族企业国际化过程中应该合理选择国际化速度。由于过低或过高的国际化速度都不利于家族企业绩效的提升，因此家族企业国际化扩张不宜过于激进，而应结合企业内外部情境特征谨慎选择国际化速度。第二，家族企业应谨慎推进股权结构改革。从短期来看，稀释家族所有权不利于家族企业国际化速度对企业绩效提升发挥积极作用。第三，重视家族企业国际市场知识的积累。政府应鼓励和引导家族企业的所有者和高层管理者积累国际市场知识。例如，鼓励和引导具有海外留学背景的人员回国创业或进入家族企业工作，从而更好促进家族企业"走出去"战略的顺利实施。第四，调整家族企业技术创新投资方向，努力降低家族企业技术创新活动对快速国际化的负面干扰。

第六章
家族企业国际化对创新能力的影响研究

6.1 引　　言

国际化是新兴经济体国家中的企业实现创新追赶的重要战略（Boermans and Roelfsema，2015）。在中国"走出去"战略、"一带一路"倡议、自主创新和创新驱动战略等国家战略或倡议的引领下，近年来越来越多的中国家族企业开始走出国门，加快其国际化经营步伐。例如，普华永道咨询公司发布的《2016年的全球家族企业调研报告》数据显示，2016年近80%的中国内地家族企业出口产品或服务，未来5年参与国际销售的家族企业比例将升至88%。理论与实践表明，国际化是新兴经济体国家中的后发企业实现创新追赶和创新能力提升的重要路径。当前，中美贸易摩擦加剧，使众多的家族企业特别是业务涉及较多向美国出口和跨国并购的家族企业国际化经营活动面临更明显的制度壁垒和更严峻的合规性问题，也凸显中国家族企业加快自主创新的重要性和紧迫性。因此，在"一带一路"倡议实施及创新型国家建设等背景下，研究家族企业国际化与创新能力关系无疑具有重要的实践应用价值。

文献梳理揭示，尽管目前国内外学术界已积累较多有关企业国际化对创新能力影响问题的研究成果，但家族企业领域的相关研究却非常缺乏，并且这些极少数相关研究成果没有从国际化深度和国际化广度视角分析家族企业国际化对企业创新能力的影响及其差异性（Tsao and Lien，2013）；同时，有限的有关家族企业国际化影响结果的研究成果，主要关注家族企业国际化对企业绩效的影响关系，相对忽视了家族企业国际化对创新能力的影响作用（Pukall and Calabrò，2014）。因此，基于中国情境研究家族企业国际化与创新能力关系无疑具有重要的理论价值。

理论与实践证明：多数家族企业的国际化过程遵循乌普萨拉（Uppsala）阶段模型，即家族企业首先进入地理或文化距离较近的国家，随着国际化知识和资源等的积累，渐进扩展到更遥远的国际市场（Claver et al.，2007；Kontinen and Ojala，2012）。这种渐进式的国际化路径反映出家族企业有意识地扩大国际化深度和国际化广度的过程。作为异质性知识资源获取的重要渠道，国际化深度决定了家族企业在多大程度上挖掘和吸收利用新知识资源，国际化广度则决定了家族企业在多大范围内接触和获取新知识资源。以国际化深度和国际化广度作为解释变量能更好地揭示家族企业国际化战略影响企业创新能力的实现路径。在中国经济转型及"一带一路"背景下，中国家族企业国际化过程中的"深度"和"广度"对于企业创新能力有何具体的影响，其内在影响机制是什么，这些都未有研究。

本章利用"一带一路"沿线中国8个重点省（直辖市）样本家族企业的问卷调查数据，研究家族企业国际化深度和国际化广度对创新能力的影响；从家族控制、家族代际传承意愿的视角研究家族企业国际化深度和国际化广度对创新能力影响效应的差异性及情境作用机制。该研究为有效解释家族企业不同于非家族企业以及不同类型家族企业的国际化与创新能力关系提供更多的证据支持，也丰富了家族企业国际化与创新能力关系问题及家族企业国际化影响结果问题的研究成果。

6.2 研究假设

6.2.1 家族企业国际化对创新能力的影响

1. 家族企业国际化深度对创新能力的影响

国际化深度反映了企业国际市场的嵌入程度。从理论上讲，异质性的知识资源是企业创新的重要源泉，直接决定企业创新能力的发展。国际化深度大的企业，能够更深入地嵌入东道国市场，深化与东道国市场上的供应商、顾客、竞争者和科研机构等利益相关者之间互动交流，加深对东道国市场的了解，这会给企业带来更有价值的市场知识和技术知识，包括一些其他企业难以识别和开发利用的隐性知识，提升企业创新能力（Tinguely，2013）。多数实证研究也支持了国际化深度对企业创新能力具有正向效应的观点（林润辉等，2015；吴先明和向媛媛，2017）。但是，由于企业学习吸收能力不足及国际化的管理与协调成本较高等，国际化深度对企业创新能力可能产生负向影响。少数实证研究也支持了这一观点（Mahmood and Zheng，2009）。此外，还有少数学者甚至得出了二者关系呈二次或三次曲线特征（Kafouros et al.，2008）。

本研究认为，在中国经济转型及经济新常态背景下，家族企业国际化深度对创新能力具有消极作用。第一，中国家族企业以中小企业为主体，大多集中在劳动密集型制造业和传统服务业，行业技术水平较低，家族企业自身的学习吸收能力较差，因此这些家族企业很难通过国际市场的深度嵌入这一新知识的学习途径来提升创新能力。第二，当前中国大多数家族企业国际化是一种基于低成本要素投入的粗放式国际化，以出口贸易为主，此类国际化经营模式以短期利益为导向，以赚取加工费和出口退税为主要目（代彬等，2016），家族企业自身通常缺乏创新的充足动力与创新意识。第三，企业国际化通常面临较大的风险和不确定性，以及较高的管理、协调和信息交换等交易成本。由于技术的路径依赖性与锁定，家族企业深度嵌入某一个或少数几个国际市场，增大了企业吸收不同于原有技术范式的新知识的交易成本（Kim et al.，2010），不利于家族企业国际化对创新活动和创新能力发挥作用。第四，家族企业通常具有保守的态度和风险厌恶特征（Fernández and Nieto，2005；Claver et al.，2008），创新活动的不可预见性、高风险和长期性特征，使国际化家族企业可能会减少创新活动投入，从而阻碍国际化家族企业的创新活动及创新能力的发展。张玉明等（2015）、陈志军等（2016）对中国上市家族公司的实证研究也揭示，家族企业国际化深度对创新能力（研发投资）具有显著的负向影响。对此提出如下假设：

H1a：家族企业国际化深度对创新能力具有显著负向影响。

2. 家族企业国际化广度对创新能力的影响

国际化广度反映企业国际化所涉及的海外市场的广泛程度。从理论上讲，国际化广度大的企业可以更广泛地接触和获取新知识资源，提升企业创新能力。多数实证研究支持了国际化广度对企业创新能力正向影响的观点（吴先明和向媛媛，2017；姚相如等，2016）。然而，由于企业吸收能力等的限制，国际化广度对企业创新能力可能产生消极影响。少数实证研究也支持了这一观点（Mahmood and Zheng，2009）。此外，还有个别学者实证了国际化广度对企业创新能力存在倒 U 形曲线影响关系（Kafouros et al.，2008）。

本研究认为，家族企业国际化广度对创新能力具有积极影响。第一，组织学习理论认为，广泛的国际市场为家族企业发展新知识和新技能提供了多样化的学习环境与学习机会。各国在文化、创新性及市场需求等方面都存在差异，这种差异为家族企业学习新知识和新技能提供了更好的学习环境和更多的学习机会，有助于丰富家族企业的知识结构，提升家族企业创新能力。第二，国际化广度越大意味着家族企业国际化面临的海外新市场越多，新市场往往能够给家族企业带来新的顾客需求，而不同文化背景和不同发展程度的市场中的顾客需求往往有所差异，这会激发家族企业不断进行创新活动，提升家族企业创新能力。第三，国际化范围的扩展，能够增加家族企业的创新投入动力，也降低了家族企业创新活动的不确定性和风险，使家族企业能够避免由于任何单一市场的供求变化对创新活动造成的不利影响（Kim et al.，2010）。第四，转型经济国家中的家族企业更倾向于构建关系网络，并利用关系网络来获取创新资源（Acquaah，2012），而国际化广度大的家族企业通常具有更广泛的外部关系网络，这些外部关系网络有利于家族企业获取丰富的和异质性的创新资源，家族企业在更广泛的范围内搜寻和利用这些异质性创新资源来增强其创新能力。对此提出如下假设：

H1b：家族企业国际化广度对创新能力具有显著正向影响。

6.2.2 家族控制在家族企业国际化与创新能力之间的调节作用

社会情感财富理论认为，规避社会情感财富损失是家族企业战略决策的首要参照点（Berrone et al.，2012）。作为社会情感财富的核心构成要素，家族控制会削弱家族企业国际化对创新能力的影响作用。第一，无论是引入外部债权和股权投资者都会削弱家族对企业的控制权，因此强家族控制偏好的家族企业通常面临较大的融资约束，不利于家族企业国际化扩张，不利于国际化战略对创新活动和创新能力发挥作用。第二，企业高管团队雇用更多的非家族成员管理者会削弱家族经理和家族所有者的决策控制权（Chua et al.，2009），因此具有强家族控制偏好的家族企业通常不愿意聘用具有国际化知识和技能的非家族经理（Gómez-Mejía et al.，2011）；同时，强家族控制偏好往往与企业人力资源实践的不公平性相联系，导致企业非家族员工的晋升通道受阻，阻碍非家族员工的职业发展和自我价值的实现（Carlson et al.，2006；De Massis，2012）；此外，家族所有者有时更加强调家族非经济目标而不是企业经济绩效贡献（Berrone et al.，2012），因此非家族经理有时并不能从企业经济绩效中获得全部报酬（Block，2011），导致非家族经理也不愿意在家族企业工作。综上所述，具有强家族控制偏好的家族企业通常缺乏管理资源与能力，不利于家族企业做出正确的国际化战略决策并有效执行国际化战略决策，影响家族企业国际化战略对创新能力发挥作用。第三，强家族控制偏好意味着家族与非家族员工的权力差异及不平衡性，权力差异会导致家族与非家族员工之间的紧张关系、歧视和冲突，使家族企业国际化过程伴随着额外的成本。对此提出如下假设：

假设 H2：家族控制对家族企业国际化与创新能力关系起负向调节作用。

6.2.3 家族代际传承意愿在家族企业国际化与创新能力之间的调节作用

家族代际传承意愿是控制家族所追求的重要非经济目标之一（Berrone et al.，2012），这一非经济目标影响家族企业国际化与创新能力关系。第一，家族代际传承意愿意味着家族文化和家族身份在企业中的持续，导致非家族经理融入家族企业的难度较大,因此具有家族代际传承意愿的家族企业较少聘用非家族经理(Fang et al.,2016)。与家族经理相比,非家族经理通常具有更好的职业经历和外部经验,在企业管理上更倾向于采用规范化的管理风格和管理模式(Casillas et al.,2010)。因此,非家族经理进入企业管理层,有助于家族企业提高国际化战略决策的正确性和执行效率,确保家族企业国际化战略对企业创新活动和创新能力发挥作用。第二,家族代际传承意愿会引导家族企业的长期战略导向,如关注持续创业成长、更倾向于创新研发(Chrisman and Patel,2012)、重视与合作伙伴建立并巩固合作关系(Le Breton-Miller and Miller,2006),从而降低了家族企业国际化战略对企业创新资源获取和创新能力发展的重要作用。对此提出如下假设:

H3:家族代际传承意愿对家族企业国际化与创新能力关系起负向调节作用。

综上所述,本章的研究模型如图 6.1 所示。

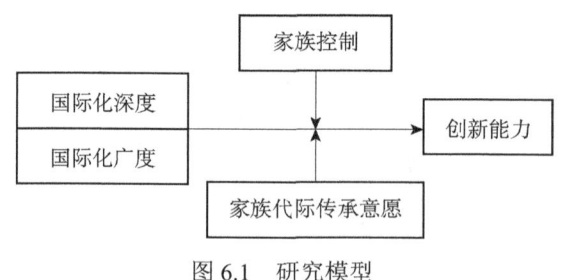

图 6.1 研究模型

6.3 研究设计

6.3.1 数据来源

本章数据采集自课题组 2016 年 8~10 月对"一带一路"沿线中国 8 个重点省(直辖市)274 家具有国际业务(出口、境外直接投资)的样本家族企业的问卷调查数据。样本与数据收集的具体情况见 1.5.3。

6.3.2 变量测量

(1)因变量。借鉴林润辉等(2015)、Xu 等(2013)的研究,采用"2015

年企业专利申请量"（PAT）来度量家族企业的创新能力，并采用加 1 取自然对数处理；此外，出于稳健性考虑，本章还采用了"2015 年企业研发经费支出占当年总销售收入的比重"（RD）来测量家族企业的创新能力，将比重在 0.5%以下、0.5%~1%、1%~2%、3%~5%、6%~10%、11%~15%和 15%以上依次编码为 1~7。

（2）自变量。对家族企业国际化战略的测量，选择了国际化深度和国际化广度两类指标（陈立敏，2014）。其中：①国际化深度（DEPT），定义为 2015 年企业出口收入占当年总销售收入的比重；②国际化广度（BREA），定义为 2015 年企业产品出口和境外投资所涉及的国家和地区数量的自然对数。

（3）调节变量。①家族控制（FC），借鉴 Berrone 等（2012）的量表，包括 4 个测量题项：企业大多数股份由家族成员所有、战略决策权由家族成员掌控、关键管理岗位由家族成员担任、保持家族控制和独立性。②家族代际传承意愿（FGS），借鉴 Berrone 等（2012）的量表，包括 4 个测量题项：保持家族传统和家族特征、创造和保存家族成员工作机会、家族成员不考虑出售家族企业、将成功企业传递给下一代家族成员。各变量采用利克特量表衡量，取值 1~5，分别表示"很不重要""不太重要""一般""比较重要""很重要"。探索性因子分析显示，量表的 KMO 分别为 0.794 和 0.800，变量的累计解释量分别为 69.099%和 71.844%，信度系数 Cronbach α 分别为 0.850 和 0.869。这表明量表具有良好的信度与效度。

（4）控制变量。综合前期相关研究文献，本章选取以下 6 个变量作为控制变量：①企业规模（SIZE），规模大的家族企业一般具有较多的知识和资源积累、较高的风险抵御能力等用于国际化经营与创新活动，本研究以 2015 年底企业员工人数的自然对数测量。②企业年限（AGE），随着企业年限的增加家族企业会积累更多的创新资源和国际化能力，本研究以企业创立年限的自然对数测量。③产业类型（INDU），产业性质不同，家族企业的学习机会与创新资源获取不同，影响企业创新能力的发展，采用虚拟变量衡量，制造业赋值为 1，否则为 0。④企业前期绩效（PERM），前期绩效水平高的家族企业通常具有更多的财务资源支持家族企业的创新活动，提升家族企业的创新能力。企业前期绩效包括"与主要同行竞争对手相比近 3 年企业的利润增长"、"销售额增长"、"市场份额增长"和"总资产回报情况" 4 个测量题项。各变量采用利克特量表衡量，取值1～5，分别表示"很差""较差""持平""较好""很好"。探索性因子分析显示，KMO为0.820，变量的累计解释量达72.775%，Cronbach α为0.874。这表明量表具有良好的信度和效度。⑤国际化经验（EIE），企业家丰富的国际化经验能够帮助家族企业更好地消化融合来自相同或不同国家的异质知识（林润辉等，2015），提升家族企业的创新能力，采用虚拟变量衡量，企业所有者或高层管理者具有海外学习、生活、工作、从事海外业务或海外商务出差经历赋值为1，否则为0。⑥政治关系（POL），与政府部门的政治联系越多，越有助于家族企业从政府部门获取稀缺资源用于技术创新，创新能力越强。采用虚拟变量测量，企业总裁、总经理或其他高层管理人员担任人大代表或政协委员赋值为1，否则为0。

6.4 实证分析结果

6.4.1 变量的描述性统计与相关性分析

表6.1的相关性分析结果显示，家族企业创新能力（专利申请量、研发投入）与国际化深度显著负相关（$p<0.01$），家族企业创新能力（专利申请量）与国际化广度显著正相关（$p<0.01$），基本符合模型预期。在控制变量中，企业规模、企业年限、产业类型、企业前期绩效、国际化经验、政治关系与创新能力（专利申请量）显著正相关（$p<0.05$），企业规模、企业前期绩效、国际化经验、政治关系与创新能力（研发投入）显著正相关（$p<0.10$）。

6.4.2 假设检验

本章采用层级回归分析方法检验研究假设，共设置了4个回归模型，检验结果见表6.2和表6.3。其中：模型1包括所有控制变量和调节变量；模型2在模型1的基础上加入解释变量——国际化深度和国际化广度，以检验家族企业国际化对创新能力的影响；模型3在模型2的基础上加入家族控制与国际化深度、国际化广度的交互项，以检验家族控制在家族企业国际化与创新能力之间的调节作用；模型4在模型2的基础上加入家族代际传承意愿与国际化深度、

第六章　家族企业国际化对创新能力的影响研究

表 6.1　描述性统计分析与相关系数

变量	均值	标准差	PAT	RD	DEPT	BREA	FC	FGS	SIZE	AGE	INDU	PERM	EIE	POL
PAT	0.644	1.126	1											
RD	2.956	1.776	0.336***	1										
DEPT	45.870	38.504	−0.216***	−0.201**	1									
BREA	1.243	0.977	0.183**	0.081	0.304***	1								
FC	3.486	0.882	−0.028	−0.028	0.121*	0.105+	1							
FGS	3.485	0.902	0.010	0.058	0.203**	0.111+	0.655***	1						
SIZE	4.163	1.575	0.436***	0.153*	−0.339***	0.075	−0.093	−0.001	1					
AGE	2.259	0.694	0.200**	−0.011	−0.047	0.220**	−0.040	0.099	0.376***	1				
INDU	0.774	0.419	0.179*	0.066	0.021	0.122*	−0.070	0.008	0.239***	0.070	1			
PERM	3.295	0.749	0.146*	0.176*	0.104+	0.164**	0.008	0.025	0.105+	−0.043	0.026	1		
EIE	0.735	0.442	0.172*	0.118+	0.031	0.137*	−0.043	0.043	0.071	0.129*	0.017	0.146*	1	
POL	0.194	0.396	0.255***	0.140*	−0.184**	0.050	−0.151*	−0.037	0.370***	0.164***	−0.043	0.128*	0.081	1

+$p<0.10$, *$p<0.05$, **$p<0.01$, ***$p<0.001$；双侧检验。

国际化广度的交互项，以检验家族代际传承意愿在家族企业国际化与创新能力之间的调节作用。为了克服变量相乘带来的多重共线性问题，对交互项进行了中心化处理。对所有回归方程进行多重共线性检验发现，所有变量的方差膨胀因子（VIF）最大值为2.064，表明多重共线性问题不严重。

表6.2　家族企业国际化对创新能力（专利申请量）影响的分析结果

变量	模型1	模型2	模型3	模型4
-CONS	−1.616*** (0.445)	−1.397** (0.458)	−1.022* (0.468)	−0.970* (0.452)
SIZE	0.242*** (0.046)	0.222*** (0.051)	0.208*** (0.050)	0.219*** (0.049)
AGE	0.087 (0.095)	0.019 (0.103)	−0.004 (0.102)	−0.042 (0.100)
INDU	0.255 (0.155)	0.256 (0.159)	0.282+ (0.156)	0.287+ (0.153)
PERM	0.116 (0.082)	0.109 (0.084)	0.070 (0.084)	0.070 (0.082)
EIE	0.305* (0.141)	0.340* (0.143)	0.346* (0.140)	0.335* (0.138)
POL	0.374* (0.175)	0.280 (0.179)	0.306+ (0.176)	0.379* (0.174)
FC	0.107 (0.094)	0.064 (0.097)	−0.001 (0.098)	0.079 (0.093)
FGS	−0.057 (0.091)	0.006 (0.094)	0.027 (0.092)	−0.053 (0.092)
DEPT		−0.005* (0.002)	−0.004* (0.002)	−0.004* (0.002)
BREA		0.168* (0.072)	0.176* (0.071)	0.166* (0.069)
DEPT×FC			−0.004 (0.002)	
BREA×FC			−0.156* (0.079)	
DEPT×FGS				−0.006** (0.002)
BREA×FGS				−0.199** (0.070)
R^2	0.247	0.281	0.314	0.338
Adjusted R^2	0.223	0.251	0.279	0.304
F	10.214***	9.191***	8.888***	9.932***
N	258	246	246	246

+$p<0.10$，*$p<0.05$，**$p<0.01$，***$p<0.001$。

表6.3　家族企业国际化对创新能力（研发投入）影响的分析结果

变量	模型1	模型2	模型3	模型4
-CONS	0.991 (0.771)	1.543* (0.775)	2.282** (0.792)	2.110** (0.782)
SIZE	0.151+ (0.080)	0.023 (0.085)	−0.003 (0.083)	0.019 (0.084)
AGE	−0.224 (0.166)	−0.236 (0.176)	−0.268 (0.174)	−0.319+ (0.175)
INDU	0.158 (0.265)	0.143 (0.266)	0.173 (0.260)	0.175 (0.261)
PERM	0.334* (0.143)	0.371* (0.144)	0.296* (0.143)	0.321* (0.142)
EIE	0.323 (0.243)	0.329 (0.240)	0.331 (0.235)	0.314 (0.236)
POL	0.420 (0.292)	0.315 (0.292)	0.359 (0.287)	0.425 (0.290)

续表

变量	模型1	模型2	模型3	模型4
FC	−0.132（0.161）	−0.121（0.163）	−0.248（0.164）	−0.103（0.160）
FGS	0.213（0.156）	0.271$^+$（0.159）	0.305$^+$（0.156）	0.198（0.158）
DEPT		−0.014***（0.003）	−0.013***（0.003）	−0.013***（0.003）
BREA		0.243*（0.120）	0.253*（0.118）	0.243*（0.118）
DEPT×FC			−0.006*（0.003）	
BREA×FC			−0.337*（0.134）	
DEPT×FGS				−0.008*（0.003）
BREA×FGS				−0.239*（0.121）
R^2	0.084	0.138	0.180	0.176
Adjusted R^2	0.056	0.102	0.139	0.135
F	2.961**	3.872***	4.388***	4.273***
N	267	253	253	253

$+p<0.10$，$*p<0.05$，$**p<0.01$，$***p<0.001$。

1. 家族企业国际化对创新能力的影响

表 6.2 模型 2、表 6.3 模型 2 检验了家族企业国际化对创新能力影响的主效应。由表 6.2 模型 2 可知，家族企业国际化深度对创新能力（专利申请量）具有显著的负向影响（$\beta=-0.005$，$p<0.05$），家族企业国际化广度对创新能力（专利申请量）具有显著的正向影响（$\beta=0.168$，$p<0.05$），并且该结果在模型 3 和模型 4 考虑家族控制、家族代际传承意愿的调节作用之后仍然稳健；由表 6.3 模型 2 可知，家族企业国际化深度对创新能力（研发投入）具有显著的负向影响（$\beta=-0.014$，$p<0.001$），家族企业国际化广度对创新能力（研发投入）具有显著的正向影响（$\beta=0.243$，$p<0.05$），并且该结果在模型 3 和模型 4 考虑家族控制、家族代际传承意愿的调节作用之后仍然稳健。这说明家族企业国际化深度会阻碍企业创新能力的发展，而家族企业国际化广度有利于企业创新能力的提升。由此假设 H1a、假设 H1b 得到实证结果的支持。

2. 家族控制在家族企业国际化与创新能力之间的调节作用

表 6.2 模型 3、表 6.3 模型 3 检验了家族控制在家族企业国际化与创新能力之间的调节作用。由表 6.2 模型 3 可知，家族控制与国际化深度的交互项（DEPT×FC）以及家族控制与国际化广度的交互项（BREA×FC）对家族企业创新能力（专利申请量）具有显著的负向影响（$\beta=-0.004$，$p<0.05$；$\beta=-0.156$，

$p<0.05$）；由表 6.3 模型 3 可知，家族控制与国际化深度的交互项（DEPT×FC）以及家族控制与国际化广度的交互项（BREA×FC）对家族企业创新能力（研发投入）具有显著的负向影响（$\beta=-0.006$，$p<0.05$；$\beta=-0.337$，$p<0.05$）。

为更好理解家族控制的调节作用，本章根据家族控制中位数大小拆分样本并进行分组回归。表 6.4 和表 6.5 显示了分组回归结果。表 6.4 的结果显示，在强家族控制样本组中，家族企业国际化深度对创新能力（专利申请量）具有显著的负向影响（$\beta=-0.007$，$p<0.01$），并且该负向影响的临界值大于弱家族控制样本组中相应影响的临界值（$\beta=-0.002$，$p>0.10$）；同时，在强家族控制样本组中，家族企业国际化广度对创新能力（专利申请量）具有显著的正向影响（$\beta=0.171$，$p<0.10$），并且该正向影响的临界值小于弱家族控制样本组中相应影响的临界值（$\beta=0.181$，$p<0.10$）。表 6.5 的结果显示，在强家族控制样本组中，家族企业国际化深度对创新能力（研发投入）具有显著的负向影响（$\beta=-0.018$，$p<0.001$），并且该负向影响的临界值大于弱家族控制样本组中相应影响的临界值（$\beta=-0.009$，$p<0.05$）；同时，在弱家族控制样本组中，家族企业国际化广度对创新能力（研发投入）具有显著的正向影响（$\beta=0.311$，$p<0.05$），并且该正向影响的临界值大于强家族控制样本组中相应影响的临界值（$\beta=0.226$，$p>0.10$）。上述证据表明：家族控制意愿越强，家族企业国际化深度对创新能力的负向影响越大，而家族企业国际化广度对创新能力的正向影响越小，即家族控制对家族企业国际化与创新能力关系起负向调节作用。由此假设 H2 得到实证结果的支持。

表 6.4 家族企业国际化对创新能力（专利申请量）影响的分样本分析结果

变量	家族控制		家族代际传承意愿	
	强	弱	强	弱
-CONS	−1.352*（0.676）	−1.230*（0.600）	−0.833（0.870）	−1.535*（0.599）
SIZE	0.155*（0.060）	0.278**（0.084）	0.179*（0.069）	0.268**（0.074）
AGE	0.119（0.126）	−0.154（0.168）	0.048（0.140）	−0.108（0.151）
INDU	0.240（0.206）	0.314（0.251）	0.165（0.233）	0.380+（0.216）
PERM	0.113（0.119）	0.082（0.123）	0.071（0.126）	0.081（0.113）
EIE	0.384*（0.184）	0.295（0.220）	0.356+（0.194）	0.356+（0.208）
POL	0.473（0.295）	0.115（0.238）	0.972**（0.297）	−0.033（0.229）
FC			0.074（0.134）	0.092（0.105）

续表

变量	家族控制		家族代际传承意愿	
	强	弱	强	弱
FGS	0.076（0.115）	0.080（0.112）		
DEPT	-0.007**（0.002）	-0.002（0.003）	-0.006*（0.003）	-0.004*（0.003）
BREA	0.171+（0.101）	0.181+（0.104）	-0.038（0.102）	0.294**（0.099）
R^2	0.403	0.228	0.391	0.290
Adjusted R^2	0.349	0.173	0.338	0.238
F	7.435***	4.167***	7.355***	5.579***
N	109	137	113	133

+$p<0.10$，*$p<0.05$，**$p<0.01$，***$p<0.001$。

表 6.5　家族企业国际化对创新能力（研发投入）影响的分样本分析结果

变量	家族控制		家族代际传承意愿	
	强	弱	强	弱
-CONS	1.760（1.275）	0.673（0.913）	2.419（1.607）	1.517（0.984）
SIZE	-0.040（0.110）	0.071（0.123）	-0.026（0.127）	0.073（0.119）
AGE	-0.495*（0.234）	-0.066（0.257）	-0.185（0.266）	-0.306（0.248）
INDU	-0.155（0.364）	0.309（0.379）	-0.088（0.434）	0.405（0.346）
PERM	-0.039（0.225）	0.465*（0.185）	0.181（0.237）	0.440*（0.186）
EIE	-0.159（0.343）	0.715*（0.329）	0.193（0.363）	0.520（0.335）
POL	0.357（0.503）	0.525（0.354）	0.678（0.513）	0.308（0.368）
FC			0.253（0.244）	-0.127（0.173）
FGS	0.828***（0.213）	-0.072（0.170）		
DEPT	-0.018***（0.005）	-0.009*（0.004）	-0.016**（0.005）	-0.010*（0.004）
BREA	0.226（0.181）	0.311*（0.156）	0.113（0.186）	0.336*（0.160）
R^2	0.237	0.207	0.147	0.172
Adjusted R^2	0.169	0.163	0.075	0.112
F	3.490**	3.824***	2.042*	2.901**
N	111	142	117	136

*$p<0.05$，**$p<0.01$，***$p<0.001$。

3. 家族代际传承意愿在家族企业国际化与创新能力之间的调节作用

表 6.2 模型 4、表 6.3 模型 4 检验了家族代际传承意愿在家族企业国际化与创新能力之间的调节作用。由表 6.2 模型 4 可知，家族代际传承意愿与国际化深度的交互项（DEPT×FGS），以及家族代际传承意愿与国际化广度的交互项（BREA×FGS）对家族企业创新能力（专利申请量）具有显著的负向影响（β=

-0.006，$p<0.01$；$\beta=-0.199$，$p<0.01$）。由表 6.3 模型 4 可知，家族代际传承意愿与国际化深度的交互项（DEPT×FGS）及家族代际传承意愿与国际化广度的交互项（BREA×FGS）对家族企业创新能力（研发投入）具有显著的负向影响（$\beta=-0.008$，$p<0.05$；$\beta=-0.239$，$p<0.05$）。

  为更好地理解家族代际传承意愿的调节作用，本章根据家族代际传承意愿中位数的大小拆分样本并进行分组回归。表 6.4 和表 6.5 显示了分组回归结果。表 6.4 的结果显示，在弱家族代际传承意愿样本组中，家族企业国际化深度对创新能力（专利申请量）具有显著的负向影响（$\beta=-0.004$，$p<0.05$），并且该负向影响的临界值小于强家族代际传承意愿样本组中相应影响的临界值（$\beta=-0.006$，$p<0.05$）；同时，在弱家族代际传承意愿样本组中，家族企业国际化广度对创新能力（专利申请量）具有显著的正向影响（$\beta=0.294$，$p<0.01$），并且该正向影响的临界值大于强家族代际传承意愿样本组中相应影响的临界值（$\beta=-0.038$，$p>0.10$）。表 6.5 的结果显示，在弱家族代际传承意愿样本组中，家族企业国际化深度对创新能力（研发投入）具有显著的负向影响（$\beta=-0.010$，$p<0.05$），并且该负向影响的临界值小于强家族代际传承意愿样本组中相应影响的临界值（$\beta=-0.016$，$p<0.01$）；同时，在弱家族代际传承意愿样本组中，家族企业国际化广度对创新能力（研发投入）具有显著的正向影响（$\beta=0.336$，$p<0.05$），并且该正向影响的临界值大于强家族代际传承意愿样本组中相应影响的临界值（$\beta=0.113$，$p>0.10$）。上述证据表明：家族代际传承意愿越强，家族企业国际化深度对创新能力的负向影响越大，而家族企业国际化广度对创新能力的正向影响越小，即家族代际传承意愿对家族企业国际化与创新能力关系起负向调节作用。由此假设 H3 得到实证结果的支持。

6.5 结论与讨论

  国际化是新兴经济体国家中的后发企业实现创新追赶的重要战略。尽管目前国内外学术界关于企业国际化对创新能力影响方面的研究成果很多，但鲜有研究关注家族企业国际化对创新能力的影响作用。本章首先区分了国际化深度和国际化广度两种不同国际化程度，在此基础上，选取"一带一路"沿线中国 8

个重点省（直辖市）样本家族企业的问卷调查数据，实证检验家族企业国际化深度、国际化广度对创新能力的影响作用，以及家族控制、家族代际传承意愿在二者之间的调节作用。研究结果表明：第一，家族企业不同国际化战略对企业创新能力的影响存在显著的差异，具体而言，家族企业国际化深度对创新能力具有显著的负向影响，家族企业国际化广度对创新能力具有显著的正向影响。第二，家族控制、家族代际传承意愿对家族企业国际化深度、国际化广度与创新能力关系起负向调节作用，即家族控制和家族代际传承意愿越强，家族企业国际化深度对创新能力的负向影响越大，而家族企业国际化广度对创新能力的正向影响越小。

  本章研究具有以下两个方面的理论贡献：第一，丰富了家族企业国际化对创新能力影响问题的研究成果。目前国内外学术界有关家族企业国际化影响结果的研究较少，并且有限的相关研究成果聚焦于家族企业国际化对企业绩效的影响关系，忽视了家族企业国际化对创新能力的影响作用（Pukall and Calabrò，2014）。为数极少的有关家族企业国际化对创新能力影响的前期研究成果，仅仅限于讨论家族企业国际化深度对创新能力的影响（Tsao and Lien，2013；张玉明等，2015；陈志军等，2016），本研究从国际化深度和国际化广度这一结构化视角去研究家族企业国际化对创新能力的影响及其差异性，发现不同国际化程度对家族企业创新能力的影响不同。因此，这一研究丰富了家族企业国际化对创新能力影响问题的研究，也丰富了家族企业国际化影响结果问题的研究。第二，丰富了家族企业社会情感财富与创新理论研究成果。研究发现，家族企业同时追求企业经济目标和家族非经济目标，对家族非经济目标即社会情感财富的追求是家族企业区别于非家族企业的本质特征以及家族企业战略决策的重要参照点。本研究从家族控制、家族代际传承意愿这两类家族非经济目标出发（Berrone et al.，2012），探讨了两类家族非经济目标作用于家族企业国际化与创新能力关系的内在机制。该研究有助于更好解释家族特征如何影响家族企业国际化与创新能力关系，同时也丰富了家族企业社会情感财富与创新理论研究成果。

  本章研究结论对"一带一路"背景下家族企业国际化、家族企业管理实践具有重要启示：第一，国际化是中国家族企业创新能力提升的重要路径，家族企业应积极响应国家"一带一路"倡议，主动寻求"走出去"的机会，充分了解国际环境、市场与需求,在国际市场竞争中选择合适的国际化战略,进而提升家族企业的创新能力。第二,国际化是中国家族企业创新能力提升的重要路径,但国际化也会制约中国家族企业创新能力的发展。总体上看,中国家族企业国际化广度能够显著地提升企业创新能力,因此有条件的家族企业应积极参与国际市场竞争,努力扩大国际市场范围,如进入"一带一路"沿线多个国家,加强与海外研发机构的合作,有意识地拓宽知识来源渠道,从多国市场环境寻找学习机会和整合知识资源,以此促进家族企业创新能力的提升。考虑到中国家族企业国际化深度对创新能力提升的不利影响,因此家族企业尤其是行业技术水平低的家族企业不宜深度嵌入国际市场。第三,有别于非家族企业,家族企业国际化战略对创新能力的影响作用受到家族控制、家族代际传承意愿等家族非经济目标的制约,总体上看,家族控制与家族代际传承意愿不利于家族企业国际化对创新能力发挥积极作用,因此,家族企业在追求家族非经济目标的同时,也努力降低家族非经济目标对国际化与创新能力关系的负面影响,最大限度地发挥家族企业国际化战略对创新能力提升的积极促进作用。

本章研究仍然存在一些待改进的地方:如对家族企业国际化的测量,仅仅考虑了国际化程度(国际化深度和国际化广度),没有考虑国际化速度指标;同时,本章也没有探讨家族企业国际化与创新能力关系之间可能存在的中介变量作用。这些问题有待未来的研究做出完善。

第七章 家族企业网络强度、国际市场知识与国际化绩效研究

7.1 引 言

2013年9月和10月,习近平同志先后提出共建"丝绸之路经济带"和"21世纪海上丝绸之路"倡议;2015年3月,国家发展和改革委员会、外交部和商务部联合发布了《推动共建丝绸之路经济带和21世纪海上丝绸之路的愿景与行动》。"一带一路"倡议的提出和实施,为中国尤其是中国沿线地区家族企业国际化提供了重大机遇。

文献研究揭示,企业的资源存量影响企业国际化绩效表现,关系网络则提供了企业国际化的重要资源基础(Johanson and Mattsson,1987)。自Johanson和Mattsson(1987)将关系网络引入企业国际化理论之后,国内外学者分别从关系网络对企业国际化战略行为(Senik et al.,2011)和国际化绩效的影响(Zhou et al.,2007;黄中伟和游锡火,2010)等方面展开了大量研究。然而,家族企业领域的相关研究却明显不足,仅有极少数学者在该领域做过初步探索研究。例如,Fernández和Nieto(2005)发现,家族企业与其他企业之间的网络联盟对国际化有积极的促进作用;Graves和Thomas(2006)指出,家族企业较少进入国际化网络,也不愿意与国际伙伴建立关系网络;Pukall和Calabrò

(2014)认为,家族企业创始人或家族经理通常与本地关系网络具有较强的个人联系,更愿意在本地进行投资,因此对外直接投资意愿会大大降低。已有的研究指出,经济转轨过程中的家族企业倾向于与外部利益相关者建立关系网络(Acquaah,2012),而"强关系"网络在中国非常普遍(Xin and Pearce,1996)。那么,"强关系"网络对中国家族企业国际化绩效是否存在明显的影响?若存在显著影响,其影响的内在作用机制及具体作用情境是什么?

本章的理论贡献主要体现在:第一,整合国际化的关系/网络理论、社会情感财富理论和产业基础理论,选取"一带一路"沿线中国8个重点省(直辖市)样本家族企业的问卷调查数据,研究家族企业网络强度对国际化绩效的影响及影响机制;第二,从家族控制和东道国环境宽松性的视角研究家族企业网络强度对国际市场知识的影响。家族控制是家族企业最重要的非经济目标及家族企业国际化战略决策的重要参照点(Gómez-Mejía et al.,2011);东道国环境宽松性不同,意味着家族企业的资源获取途径与资源供给等不同,影响家族企业网络强度对国际化绩效发挥作用。因此,本章的研究能够更深刻地揭示中国家族企业网络强度对国际化绩效影响的中介与情境作用机制,进一步拓展和丰富家族企业国际化理论研究成果。

7.2 研究假设

7.2.1 家族企业网络强度对国际化绩效的影响

与非家族企业相比,家族企业倾向于与各类利益相关者建立关系网络(Arregle et al.,2007),尤其倾向于与其他家族企业或具有相似价值观的外部利益相关者建立关系网络(Kontinen and Ojala,2011)。研究发现,关系网络有助于家族企业识别和发现国际市场机会(Brydon and Dana,2011),帮助家族企业获取国际化经营活动所需的各类资源、知识和信息(Basly,2007;Pukall and Calabrò,2014),并帮助家族企业在东道国市场上建立社会合法性(Cesinger et al.,2016),降低家族企业国际化经营活动的风险和国际环境不确定性所带来的额外成本(Fernández and Nieto,2005)。因此,关系网络对家族企业国际化绩效提升具有积极的促进作用。在中国经济社会转轨和儒家文化传统影响下,"强关系"网络在中国非常普遍,家族企业倾向于利用"强关系"网络来获取稀缺资源和建立社会合法性等(Xin and Pearce, 1996),进而促进家族企业国际化绩效的提升。对此提出如下假设:

H1:家族企业网络强度对国际化绩效具有显著的正向影响。

7.2.2 国际市场知识在家族企业网络强度与国际化绩效之间的中介作用

1. 家族企业网络强度对国际市场知识的影响

家族企业网络强度对国际市场知识获取有正面影响。家族企业是一种典型的企业家控制型企业,严重依赖企业家及家族成员个体的专门知识(Arregle et al., 2007),但家族个体知识通常不足以应对家族企业国际化扩张增大的环境复杂性、组织结构和管理体系等变化(Fernández and Nieto, 2005);为保存或增加家族的社会情感财富,家族企业通常也不愿意雇用具有国际市场知识的职业经理人(Arregle et al., 2012)。因此,家族企业很少拥有足够的国际市场知识(Chirico and Salvato, 2008; Gómez-Mejía et al., 2010)。Johanson 和 Vahlne (2009)指出,企业关系网络能够增加企业的国际市场知识。Wright 等(2005)强调,家族成员与国内外利益相关者的社会网络,包括家族成员与企业的非家族经理、供应商、客户、企业伙伴、政府机构和其他利益相关者之间的社会网络,提供了促进家族企业国际化活动的新知识途径。本研究认为,"强关系"网络对家族企业国际市场知识获取尤其重要。主要原因是:家族企业新的关系网络的建立可能导致控制家族社会情感财富的损失(Gómez-Mejía et al., 2007; Classen et al., 2012),而"弱关系"网络带来的关系风险也可能损害控制家族的社会情感财富(Gómez-Mejía et al., 2007),因此家族企业倾向于与已有的合作伙伴建立"强关系"网络以规避家族社会情感财富的损失。"强关系"网络成员之间的频繁交流互动及信息的快速流动(Granovetter, 1973),保证了知识在网络中的有效转移和新知识的积累;同时,"强关系"增大的相互信任为网络成员创造了高质量的互动,能够使家族企业以较低的成本获取高质量的国际市场知识(Pukall and Calabrò, 2014)。Cesinger 等(2016)实证了家族企业网络强度对国际市场知识获取具有积极促进作用。

2. 国际市场知识对家族企业国际化绩效的影响

知识基础理论认为，企业所拥有的知识资源有助于企业准确地预测未来环境的变化，决定了企业未来的运营能力，成为企业构建持续竞争优势的重要来源，也是决定企业之间绩效差异的根本要素（Grant，1996）。国际市场知识越丰富，家族企业越容易识别和发现具有重要价值的国际商业机会，并积极主动地从国际市场上寻找商业机会；国际市场知识能够降低家族企业在国际市场上的外来者进入劣势（Vermeulen and Barkema，2002），降低家族企业国际市场运营的不确定性及国际化经营活动的交易成本；此外，国际市场知识越丰富，家族企业与目标市场的心理距离越近，管理者感知到的未来国际化成本就越低。因此，国际市场知识对家族企业国际化绩效提升具有积极影响。

3. 国际市场知识的中介作用

根据已有的关于家族企业网络强度与国际市场知识、国际市场知识与国际化绩效关系的研究成果，不难推理，家族企业网络强度能够通过影响国际市场知识获取进而影响国际化绩效。比如，当家族企业拥有"强关系"网络时，"强关系"网络成员之间的相互信任和频繁交流互动，有助于家族企业以较低成本获取高质量的国际市场知识，进而促进家族企业国际化绩效的提升。对此提出如下假设：

H2：国际市场知识在家族企业网络强度与国际化绩效之间起中介作用。

7.2.3 家族控制在家族企业网络强度与国际市场知识之间的调节作用

家族企业国际化战略决策需要考虑企业经济目标和家族非经济目标的影响，家族控制则是家族企业最重要的家族非经济目标之一（Gómez-Mejía et al.，2011）。对家族控制目标的追求会引导家族企业减少网络合作活动（Gómez-Mejía et al.，2007；Classen et al.，2012），家族企业尤其不愿意与国际合作伙伴建立网络联盟（Pukall and Calabrò，2014）。主要原因是：家族企业与新的伙伴之间的合作，可能会增大家族企业对外部资金的需求，家族企业无论是引入新股东还是引入债权人，都会限制控制家族在企业战略决策过程中的自主权；同时，为处理家族企业网络合作活动增大的风险和不确定性，家族企业可能需要雇用高素质的职业经理人员，削弱家族对企业的控制。因此，家族控制可能会弱化家族企业网络对国际市场知识获取的作用，家族企业利用"强关系"网络进行的国际市场知识积累活动更可能会随着家族控制意愿的增强而降低。

H3：家族控制负向调节家族企业网络强度与国际市场知识的关系，即随着家族控制意愿的增强，家族企业网络强度对国际市场知识获取的影响减小。

7.2.4 东道国环境宽松性在家族企业网络强度与国际市场知识之间的调节作用

家族企业在国际化过程中，所面临的是与国内迥然不同的东道国环境，作为国际市场的进入者，家族企业更需要关注东道国环境的影响。环境宽松性是指环境中可利用的企业所需资源的稀缺或充裕程度（Dess and Beard，1984；Lumpkin and Dess，2001）。家族企业所处东道国环境的宽松性不同，家族企业网络强度对国际市场知识的影响不同。在高宽松性的东道国环境中，家族企业从环境中获取资源的途径较多，资源供应较充足，环境的竞争不太激烈，企业把握机会的难度较小（Dess and Beard，1984），此时家族企业能够将较多的精力投入"强关系"网络的构建和维护活动中，并提高"强关系"网络的利用效率，而不会过多关注东道国产业环境的变化；相反，在低宽松性的东道国环境中，家族企业从环境中获取资源的途径较少，环境中的竞争比较激烈，企业把握机会的难度较大，此时家族企业会更多地关注东道国产业环境的变化，而不会将较多的精力投入已有"强关系"网络的维护中，从而家族企业网络强度对于国际市场知识获取的作用可能较小。

H4：东道国环境宽松性正向调节家族企业网络强度与国际市场知识关系，即随着东道国环境宽松性的提高，家族企业网络强度对国际市场知识获取的影响增大。

综上所述，本章的研究模型如图 7.1 所示。

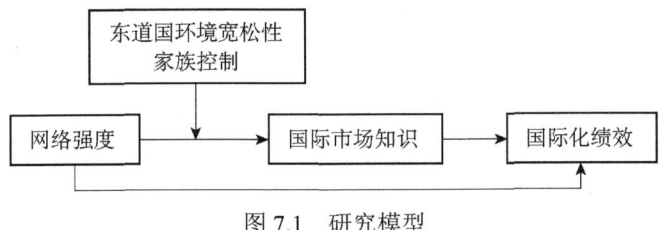

图 7.1　研究模型

7.3 研究设计

7.3.1 数据来源

本章数据采集自课题组 2016 年 8~10 月对"一带一路"沿线中国 8 个重点省（直辖市）274 家具有国际业务（出口、境外直接投资）的样本家族企业的问卷调查数据。样本与数据收集的具体情况见 1.5.3。

7.3.2 变量测量

（1）因变量。国际化绩效（IP），借鉴 Zahra 和 Garvis（2000）的量表，包括 4 个测量题项，分别是：与同行主要竞争对手相比，近 3 年企业海外销售额增长、海外利润增长、海外市场份额增长和海外市场投资回报率情况。各变量采用利克特量表衡量，取值 1~5，分别表示"非常不满意""不太满意""一般""比较满意""非常满意"。探索性因子分析显示，KMO 为 0.848，变量的累计解释量达 78.041%；信度系数 Cronbach α 为 0.906。这表明量表具有良好的信度和效度。

（2）自变量。网络强度（NI），借鉴 Cesinger 等（2016）的量表，包括 3 个测量题项，分别是：在国际化之前企业与合作伙伴交往频繁、企业与合作伙伴保持紧密关系、合作伙伴与企业有非正式讨论和交流。各变量采用利克特量表衡量，取值范围从 1"完全不同意"到 5"完全同意"。探索性因子分析显示，KMO 为 0.686，变量的累计解释量达 75.870%；信度系数 Cronbach α 为 0.841。这表明量表具有良好的信度和效度。

（3）中介变量。国际市场知识，借鉴 Cesinger 等（2016）的量表，包括 8 个测量题项，分别是：与同行主要竞争对手相比，企业有关国外客户需求知识、国外营销渠道知识、国外市场的有效营销知识、国外语言和社会规范知识、国外企业法律法规知识、东道国政府机构知识、确定国外商业机会知识和管理国际业务知识。各变量采用利克特量表衡量，取值 1~5，分别表示"很差""较差""持平""较好""很好"。探索性因子分析产生了 2 个明显不同的结构维度，分别命名为国际商务知识（IBK）和国际制度知识（IIK）。KMO 为 0.882，变量的累计解释量达 75.541%；总量表及各子维度的信度系数 Cronbach α 分别为0.912、0.899和0.875。这表明量表具有良好的信度和效度。

（4）调节变量。①家族控制（FC），借鉴Berrone等（2012）的量表，包括4个测量题项，分别是：企业大多数股份由家族成员所有、战略决策权由家族成员掌控、关键管理岗位由家族成员担任、保持家族控制和独立性。各变量采用利克特量表衡量，取值1~5，分别表示"很不重要""不太重要""一般""比较重要""很重要"。探索性因子分析显示，KMO为0.794，变量的累计解释量达69.099%，信度系数Cronbach α为0.850。②东道国环境宽松性（HEM），借鉴Dębicki（2012）的量表，包括3个测量题项，分别是：在国外企业生存和发展很安全；在国外企业具有很容易利用的大量的投资和营销机会；在国外企业处于很少有竞争和障碍的产业。各变量采用利克特量表衡量，取值1~5，分别表示"完全不同意""不太同意""一般""比较同意""完全同意"。探索性因子分析显示，KMO为0.716，变量的累计解释量达73.221%，信度系数Cronbach α为0.816。这表明量表具有良好的信度和效度。

（5）控制变量。结合前期相关研究成果，本章控制了4个可能影响家族企业国际化绩效的重要因素：①企业规模（SIZE），以企业2015年底员工人数取自然对数测量；②企业年限（AGE），以企业创建年限取自然对数测量；③产业类型（INDU），采用虚拟变量衡量，制造业赋值为1，否则为0；④国际化经验（EIE），采用虚拟变量衡量，企业所有者或高层管理者具有海外学习、生活、工作、从事海外业务或海外商务出差经历赋值为1，否则为0。

7.4 实证分析结果

7.4.1 变量的描述性统计与相关性分析

表7.1的相关分析结果显示，家族企业国际化绩效与国际制度知识、国际商务知识、网络强度、家族控制、东道国环境宽松性之间显著正相关（$p<0.10$）；国际制度知识、国际商务知识与网络强度、东道国环境宽松性之间显著正相关（$p<0.001$）。这表明家族企业国际化绩效与网络强度、国际制度知识、国际商务知识、家族控制、东道国环境宽松性之间存在紧密联系。

表 7.1 描述性统计分析与相关系数

变量	均值	标准差	IP	IIK	IBK	NI	FC	HEM	SIZE	AGE	INDU	EIE
IP	3.026	0.798	1									
IIK	3.293	0.873	0.467***	1								
IBK	3.450	0.736	0.573***	0.653***	1							
NI	3.529	0.781	0.411***	0.259***	0.400***	1						
FC	3.486	0.882	0.109+	0.076	0.073	0.035	1					
HEM	2.667	0.809	0.302***	0.340***	0.337***	0.095	0.142*	1				
SIZE	4.163	1.575	-0.085	-0.013	-0.002	0.000	-0.093	-0.136*	1			
AGE	2.259	0.694	-0.062	0.015	0.055	-0.028	-0.040	0.011	0.376***	1		
INDU	0.774	0.419	0.023	0.009	0.015	0.103+	-0.070	-0.011	0.239***	0.070	1	
EIE	0.739	0.440	0.164**	0.188**	0.269***	0.208**	-0.043	-0.053	0.075	0.137*	0.022	1

+p<0.10, *p<0.05, **p<0.01, ***p<0.001; 双侧检验。

7.4.2 假设检验

本章对研究假设的检验借鉴了温忠麟等（2006）的检验方法，即首先对调节效应进行检验，再对中介效应进行检验。对调节效应的检验，构造了网络强度与家族控制、网络强度与东道国环境宽松性的交互项；对中介效应的检验，借鉴了 Baron 和 Kenny（1986）的中介变量检验方法。为了克服变量相乘带来的多重共线性问题，对网络强度、家族控制、东道国环境宽松性变量进行了中心化处理，处理后的方差膨胀因子（VIF）最大值为 2.064，表明多重共线性问题不严重。

1. 家族企业网络强度对国际化绩效的影响

表 7.2 模型 2 检验了家族企业网络强度对国际化绩效影响的主效应。由表 7.2 模型 2 结果可知，家族企业网络强度对国际化绩效具有显著的正向影响（$\beta=0.358$，$p<0.001$），在后续的模型 3 和模型 4 考虑家族控制、东道国环境宽松性的调节作用以及国际市场知识的中介作用之后，这种正向影响关系仍然非常稳健。这说明随着家族企业网络强度的增大，家族企业国际化绩效也随之提升。换句话讲，家族企业"强关系"网络对国际化绩效提升具有积极的促进作用。由此假设 H1 得到验证。

2. 国际市场知识在家族企业网络强度与国际化绩效之间的中介作用

表 7.2 模型 3 显示，家族企业网络强度对国际化绩效具有显著的正向影响（$\beta=0.370$，$p<0.001$）；表 7.3 模型 3 和模型 6 结果显示，家族企业网络强度对国际制度知识、国际商务知识获取具有显著的正向影响（$\beta=0.226$，$p<0.001$；$\beta=0.322$，$p<0.001$）；表 7.2 模型 4 显示，国际制度知识、国际商务知识对家族企业国际化绩效具有显著的正向影响（$\beta=0.115$，$p<0.05$；$\beta=0.364$，$p<0.001$），同时，加入国际制度知识、国际商务知识变量之后，家族企业网络强度对国际化绩效的正向影响变小但仍然非常显著（$\beta=0.227$，$p<0.001$）。根据 Baron 和 Kenny（1986）等的中介变量检验方法，这表明国际制度知识、国际商务知识在家族企业网络强度与国际化绩效之间起部分中介作用。换言之，家族企业网络强度除了直接正向影响国际化绩效之外，还可以通过国际制度知识、国际商务知识的中介作用间接正向影响国际化绩效。由此假设 H2 得到验证。

3. 家族控制在家族企业网络强度与国际市场知识之间的调节作用

由表 7.3 模型 3 和模型 6 可知，家族控制与网络强度的交互项（NI×FC）对国际制度知识、国际商务知识获取具有显著的负向影响（$\beta=-0.134$，$p<0.05$；$\beta=-0.127$，$p<0.05$）。

此外，根据家族控制的中位数将样本家族企业进行分组，分样本检验结果显示（表 7.4）：在弱家族控制的样本组中，家族企业网络强度对国际制度知识、国际商务知识获取具有显著的正向影响（$\beta=0.350$，$p<0.001$；$\beta=0.432$，$p<0.001$），并且上述正向影响的临界值大于强家族控制样本组中相应影响的临界值（$\beta=0.070$，$p>0.10$；$\beta=0.184$，$p<0.05$）。这表明家族控制弱化了家族企业网络强度对国际市场知识获取的作用。换言之，随着家族控制意愿的增强，家族企业网络强度对国际市场知识获取的影响减小。由此假设 H3 得到验证。

4. 东道国环境宽松性在家族企业网络强度与国际市场知识之间的调节作用

由表 7.3 模型 3 和模型 6 可知，东道国环境宽松性与网络强度的交互项（NI×HEM）对国际制度知识、国际商务知识获取具有显著的正向影响（$\beta=0.133$，$p<0.10$；$\beta=0.136$，$p<0.05$）。

此外，根据东道国环境宽松性的中位数将样本家族企业进行分组，分样本检验结果显示（表 7.5）：在高宽松环境的样本组中，家族企业网络强度对国际制度知识、国际商务知识获取具有显著的正向影响（$\beta=0.253$，$p<0.01$；$\beta=0.434$，$p<0.001$），并且上述正向影响的临界值大于低宽松环境样本组中相应影响的临界值（$\beta=0.225$，$p<0.05$；$\beta=0.253$，$p<0.01$）。这表明东道国环境宽松性强化了家族企业网络强度对国际市场知识获取的作用。换言之，随着东道国环境宽松性的提高，家族企业网络强度对国际市场知识获取的影响增大。由此假设 H4 得到验证。

表 7.2　家族企业网络强度对国际化绩效影响的分析结果

变量	模型 1	模型 2	模型 3	模型 4
-CONS	1.938*** （0.309）	1.008** （0.327）	1.047** （0.320）	0.462（0.302）
SIZE	-0.017（0.033）	-0.014（0.030）	-0.027（0.030）	-0.027（0.027）
AGE	-0.091（0.071）	-0.094（0.067）	-0.103（0.066）	-0.107+（0.060）
INDU	0.088（0.113）	0.025（0.106）	0.033（0.103）	0.046（0.094）
EIE	0.353** （0.105）	0.226* （0.099）	0.213* （0.097）	0.053（0.091）
FC	0.069（0.053）	0.055（0.048）	0.056（0.048）	0.044（0.043）

续表

变量	模型 1	模型 2	模型 3	模型 4
HEM	0.296*** (0.058)	0.244*** (0.054)	0.239*** (0.052)	0.097+ (0.052)
NI		0.358*** (0.056)	0.370*** (0.055)	0.227*** (0.054)
NI×FC			−0.151** (0.056)	−0.089+ (0.052)
NI×HEM			0.186** (0.066)	0.121* (0.061)
IIK				0.115* (0.058)
IBK				0.364*** (0.074)
R^2	0.140	0.256	0.296	0.420
Adjusted R^2	0.120	0.236	0.271	0.396
F	7.139***	12.860***	12.129***	17.001***
N	271	270	270	270

+p<0.10，*p<0.05，**p<0.01，***p<0.001。

表 7.3 家族企业网络强度对国际市场知识影响的分析结果

变量	国际制度知识（IIK）			国际商务知识（IBK）		
	模型 1	模型 2	模型 3	模型 4	模型 5	模型 6
-CONS	1.821*** (0.337)	1.213** (0.377)	1.253** (0.375)	2.058*** (0.278)	1.179*** (0.297)	1.216*** (0.293)
SIZE	0.016 (0.035)	0.016 (0.035)	0.005 (0.035)	0.009 (0.029)	0.009 (0.027)	−0.001 (0.027)
AGE	−0.031 (0.078)	−0.016 (0.077)	−0.026 (0.077)	0.007 (0.065)	0.029 (0.061)	0.020 (0.060)
INDU	0.021 (0.123)	−0.023 (0.121)	−0.016 (0.120)	0.024 (0.101)	−0.039 (0.095)	−0.032 (0.094)
EIE	0.411*** (0.113)	0.326** (0.114)	0.315** (0.113)	0.474*** (0.094)	0.352*** (0.090)	0.341*** (0.088)
FC	0.040 (0.057)	0.032 (0.056)	0.033 (0.056)	0.034 (0.047)	0.022 (0.044)	0.023 (0.043)
HEM	0.379*** (0.063)	0.355*** (0.062)	0.350*** (0.061)	0.317*** (0.052)	0.284*** (0.049)	0.279*** (0.048)
NI		0.216** (0.065)	0.226*** (0.064)		0.313*** (0.051)	0.322*** (0.050)
NI×FC			−0.134* (0.065)			−0.127* (0.051)
NI×HEM			0.133+ (0.078)			0.136* (0.061)
R^2	0.159	0.194	0.215	0.195	0.297	0.325
Adjusted R^2	0.140	0.172	0.188	0.177	0.279	0.302
F	8.314***	9.006***	7.913***	10.648***	15.795***	13.911***
N	270	270	270	270	270	270

+p<0.10，*p<0.05，**p<0.01，***p<0.001。

表 7.4 家族企业网络强度对国际市场知识影响的分样本分析结果（家族控制的调节作用）

	强家族控制		弱家族控制	
	国际制度知识	国际商务知识	国际制度知识	国际商务知识
-CONS	2.012***（0.525）	1.747***（0.387）	0.791+（0.416）	0.907**（0.343）
SIZE	0.036（0.050）	0.060（0.037）	-0.003（0.048）	-0.042（0.040）
AGE	-0.081（0.109）	-0.057（0.080）	0.023（0.112）	0.094（0.093）
INDU	-0.147（0.181）	-0.103（0.133）	0.089（0.169）	0.021（0.140）
EIE	0.384*（0.172）	0.303*（0.126）	0.262+（0.153）	0.369**（0.126）
FC				
HEM	0.365***（0.094）	0.310***（0.069）	0.339***（0.084）	0.252***（0.069）
NI	0.070（0.095）	0.184*（0.070）	0.350***（0.089）	0.432***（0.073）
R^2	0.152	0.233	0.257	0.377
Adjusted R^2	0.108	0.193	0.225	0.351
F	3.434**	5.835***	8.110***	14.239***
N	122	122	148	148

+$p<0.10$, *$p<0.05$, **$p<0.01$, ***$p<0.001$。

表 7.5 家族企业网络强度对国际市场知识影响的分样本分析结果（环境宽松性的调节作用）

	高宽松环境		低宽松环境	
	国际制度知识	国际商务知识	国际制度知识	国际商务知识
-CONS	2.083***（0.514）	1.967***（0.394）	1.993***（0.508）	1.757***（0.407）
SIZE	-0.039（0.047）	-0.013（0.036）	0.057（0.052）	0.008（0.042）
AGE	0.180+（0.102）	0.052（0.078）	-0.167（0.117）	0.017（0.093）
INDU	0.093（0.156）	-0.111（0.120）	-0.144（0.191）	0.005（0.153）
EIE	0.215（0.144）	0.168（0.110）	0.437*（0.181）	0.545***（0.145）
FC	0.027（0.081）	0.013（0.062）	0.057（0.081）	0.039（0.065）
HEM				
NI	0.253**（0.087）	0.434***（0.066）	0.225*（0.096）	0.253**（0.077）
R^2	0.134	0.308	0.113	0.194
Adjusted R^2	0.091	0.273	0.074	0.158
F	3.096**	8.887***	2.881*	5.453***
N	127	127	143	143

+$p<0.10$, *$p<0.05$, **$p<0.01$, ***$p<0.001$。

7.5 结论与讨论

本章选取"一带一路"沿线中国 8 个重点省（直辖市）样本家族企业的问

卷调查数据，实证检验家族企业网络强度对国际化绩效的影响，并探讨了国际市场知识在家族企业网络强度与国际化绩效之间的中介作用，以及家族控制和东道国环境宽松性在家族企业网络强度与国际市场知识之间的调节作用，本章主要研究结论及创新如下。

（1）家族企业网络强度对国际化绩效具有显著的正向影响，国际市场知识（国际制度知识、国际商务知识）在家族企业网络强度与国际化绩效之间起部分中介作用。换言之，家族企业网络强度除了直接促进国际化绩效提升之外，还可以通过国际市场知识（国际制度知识、国际商务知识）的中介作用间接促进国际化绩效的提升。以往学术界有关家族企业网络对国际化影响问题的研究成果，主要基于国际化的关系/网络理论视角，聚焦于家族企业网络对国际化战略行为（国际化倾向、国际化程度）的影响（Pukall and Calabrò，2014）。本章结合国际化的关系/网络理论、社会情感财富理论和产业基础理论，研究家族企业网络强度对国际化绩效的影响及影响机制，从而丰富了家族企业网络与国际化关系的研究文献。

（2）家族控制负向调节家族企业网络强度与国际市场知识之间的关系，即随着家族控制意愿的增强，家族企业网络强度对国际市场知识获取的正向影响减小。家族控制是家族社会情感财富的基础和核心变量，为保存或增加家族的社会情感财富，家族企业倾向于减少网络合作活动。因此，家族控制可能会弱化家族企业网络强度对国际市场知识获取的重要作用。研究深刻地揭示了家族控制特征对家族企业网络强度与国际化绩效关系的影响机制。

（3）东道国环境宽松性正向调节家族企业网络强度与国际市场知识之间的关系，即随着东道国环境宽松性的提高，家族企业网络强度对国际市场知识获取的正向影响增大。这表明东道国环境宽松性与网络强度的匹配，比家族企业网络强度自身能带来更高的国际化绩效。东道国环境的宽松性程度不同，意味着从环境中获取资源的途径、环境的竞争程度、企业把握机会的难易程度等不同。高宽松性的东道国环境为家族企业国际化扩张提供了良好的机会，使家族企业较少关注东道国环境的变化，更多地关注企业自身"强关系"网络的构建和维护，增强家族企业"强关系"网络对国际市场知识获取的作用。以往有关东道国环境的权变作用的研究成果，强调东道国制度环境、环境不确定性和市场竞争程度的调节作用（潘镇和金中坤，2015；Gonzalez-Benito et al.，2014），相比之下，对于东道国环境宽松性是否以及如何影响家族企业国际化的研究很少。本章揭示了东道国环境宽松性对家族企业网络强度与国际化绩效关系的调节作用，进而丰富了东道国环境对家族企业网络与国际化绩效关系的权变作用的研究文献。

本章研究结论对"一带一路"背景下中国家族企业国际化、家族企业管理实践具深刻启示：第一，经济转型背景下的家族企业应加强网络战略管理，积极拓展优化与合作伙伴之间的社会关系网络，借助于"强关系"网络促进家族企业国际市场知识的积累和国际化绩效的提升；第二，家族企业需要对家族控制这一重要的家族非经济目标进行分析，结合家族控制偏好选择合适的网络战略，使家族控制偏好与家族企业网络和国际化战略相匹配；第三，家族企业需要对东道国环境进行深入分析，结合东道国产业环境选择合适的网络战略，使东道国产业环境与家族企业网络和国际化战略相匹配，从而更好地发挥家族企业"强关系"网络对国际市场知识积累和国际化绩效提升的积极促进作用。

本章研究也存在一定的局限性：如没有考虑家族企业网络强度与国际化绩效关系之间可能存在的其他中介变量作用；没有区分家族企业与其他企业和机构之间网络关系强度之间的差异性；对家族企业国际化绩效的测量，没有考虑客观的财务绩效指标。以上问题有待进一步研究和完善。

家族企业国际化路径与模式选择的典型案例研究

8.1 引　言

家族企业国际化路径一般可以区分为逐步国际化（traditional pathway）、天生国际化（born global pathway）和再生国际化（born-again global pathway）三种不同类型（李军等，2016）。逐步国际化，主要指企业先在本土发展，采用循序渐进的方式进行国际化，企业国际化经营会经历偶然的出口、代理出口、建立海外销售机构、海外直接生产等一个逐步发展的过程；天生国际化，主要指企业在创立之初就从事跨国经营；再生国际化，主要指企业先在本土市场经营，在某一个因素触发下开展国际化经营。Graves 和 Thomas（2008）指出，大部分中小家族企业倾向于采用逐步国际化的路径，但少数中小家族企业在创业之初就从事跨国经营，这些中小家族企业被称为"天生国际化企业"（Graves and Thomas，2008）。

家族企业国际化路径选择受到多种因素的影响，如企业家或高管团队特质、管理能力、财务资源、关系网络、企业战略目标、组织结构、组织文化、技术水平、家族所有权与家族管理权等。例如，Kontinen 和 Ojala（2012）发现，家族企业国际化路径选择受到家族所有权、家族经理人的管家意识与心理距离、关系网络、产品技术水平与多样化程度等因素的影响。比如，家族所有权相对分散，家族经理的管家意识与心理距离感强烈，关系网络主要集中在本地的家族企业，更倾向于选择逐步国际化的路径（Kontinen and Ojala，2012；李军等，2016）；家族所有权比较集中，家族经理的管家意识与心理距离感相对较弱，产品技术水平高、重视研发创新和产品多样化的家族企业，更倾向于选择天生国际化的路径（Kontinen and Ojala，2012；李军等，2016）。

家族企业国际市场进入模式包括出口贸易、合同协议、海外直接投资（建立全资子公司或独资企业、合资企业、跨国并购）等，其中，出口贸易、合同协议属于非股权国际市场进入模式，独资企业、合资企业等属于股权国际市场进入模式。

家族企业国际市场进入模式的选择受到企业家或高管团队特质（包括企业家精神）、国际化经验、管理能力、财务资源、长期导向、技术水平、家族涉入、产业环境和制度环境等企业自身条件和环境因素的影响。例如，Graves 和 Thomas（2008）指出，具有风险厌恶特征的家族企业倾向于选择不威胁其独立性的国际市场进入模式，如出口贸易、合同协议和独资企业；Swinth 和 Vinton（1993）认为，由于具有家族信任、忠诚和持续性等相似的价值观，家族企业与家族企业之间建立国际合资企业更可能获得成功；Pukall 和 Calabrò（2014）强调，由于长期导向带来的彼此之间的信任关系，两个家族企业容易达成战略联盟或合资经营；Pongelli 等（2016）发现，家族所有权结构影响家族企业国际市场进入模式的战略决策，如高水平的创始人所有权使家族企业更倾向于选择股权和非合作国际市场进入模式，而高水平的多代家族成员所有权使家族企业更倾向于选择股权和合作国际市场进入模式。

本章拟选择"一带一路"沿线中国的重庆市和浙江省 2 家典型家族企业——力帆实业（集团）股份有限公司、万向集团公司进行案例研究，主要关注典型家族企业国际化的路径与模式选择及其主要影响因素，以期对转型经济及"一带一路"背景下中国家族企业国际化路径与模式选择有一个基本的认识和理论把握。

8.2 案例选择与数据收集

8.2.1 案例选择

本书第三章利用"一带一路"沿线中国8个重点省（直辖市）样本家族企业的问卷调查数据，采用多元回归等计量分析方法，研究了家族企业国际化程度（国际化深度、国际化广度）的影响因素，主要影响因素包括家族所有权、家族管理权、环境宽松性、制度环境和政治关系等。由于家族企业国际化过程的复杂性，加之影响因素较多，我们很难通过多元回归等计量分析方法对家族企业国际化路径与模式选择问题及其主要影响因素进行较深入的分析研究。

对此，本章采用探索性的多案例研究方法来研究中国家族企业国际化路径与模式选择问题。针对研究问题，本章选择力帆实业（集团）股份有限公司、万向集团公司作为案例企业，主要原因有两点。第一，案例企业的典型性。两家企业都是家族企业，都处于《推动共建丝绸之路经济带和21世纪海上丝绸之路的愿景与行动》所圈定的"一带一路"沿线18个重点省份，都经历了国际化的多个阶段，并在"一带一路"倡议提出后具有在沿线国家出口和境外直接投资等国际化活动。第二，案例资料获取的便利性和可靠性。两家企业都是上市公司，公众认知度和媒体曝光度较高。同时，两家企业的创办人都善于总结企业发展经验，公开发表的文章较多，这些文章或书籍中包括大量的原始访谈记录。因此，可以便利地获得公司年报等二手资料；两家企业的二手资料来源多样且记录翔实，能够为研究提供丰富的素材进行三角验证；此外，作者近年来一直关注力帆实业（集团）股份有限公司的国际化实践，并进行过多次调研，获得了内容较丰富的一手资料。

8.2.2 数据收集

案例研究的数据应当有不同的来源（Yin，2013），较为理想的数据应能满足"三角验证"的要求，以满足数据的全面、真实和可靠要求。本研究坚持多渠道收集数据，不仅重视一手数据资料的收集，而且高度重视文档资料即二手资料的收集、对比与补充。试图利用多种证据来源进行三角验证，以确保数据的信度和效度。具体而言，对力帆实业（集团）股份有限公司案例的研究，以访谈资料为主；对万向集团公司案例的研究，以文档资料为主。

1. 访谈资料

对相关负责人的半结构化访谈是力帆实业（集团）股份有限公司案例数据资料的重要来源之一。为尽可能全面、真实地获取信息，事先设计了访谈提纲以引导访谈。访谈内容主要包括：力帆实业（集团）股份有限公司国际化的主要原因、国际化过程、国际化面临的主要困难和挑战、国家"一带一路"倡议对力帆实业（集团）股份有限公司国际化是否有影响以及如何影响、力帆实业（集团）股份有限公司如何积极响应国家"一带一路"倡议等。在征得被访谈者同意后使用录音设备进行全程录音。

2. 文档资料

文档资料主要包括：上市公司年报、企业网站介绍、内部资料、行业报告、书籍、报纸文章、期刊论文、硕士和博士论文、公共媒体资料等。采用多人独立收集资料、相互印证以提高文档资料的可靠性。

8.3 力帆实业（集团）股份有限公司国际化路径与模式选择

8.3.1 公司简介

力帆实业（集团）股份有限公司创建于1992年，前身是"重庆市轰达车辆配件研究所"。创始人尹明善从20万元起家，带领9名员工，组建了"重庆市轰达车辆配件研究所"，主要生产摩托车产品及配件。1997年12月，更名为力帆集团；2003年8月，力帆集团收购重庆专用汽车总厂80%的股权，2004年将其改名为重庆力帆汽车有限公司，从而进入汽车制造领域；2010年11月25日，力帆实业（集团）股份有限公司在上海证券交易所上市，股票代码为601777。经过20余年的发展，公司已发展成为以新能源产业为战略发展方向，以科研开发、汽车、摩托车和发动机的生产、销售（包括出口）为主，融投资金融于一体的大型民营企业，十度入选中国企业500强，连续多年成为重庆市出口第一名企业。自2013年以来，力帆实业（集团）股份有限公司积极响应国家"一带一路"倡议，加快在"一带一路"沿线国家的投资布局。截至2017年底，力帆拥有员工10 520人，总资产达300.20亿元。2017年实现营业收入126.00亿元。目前，力帆实业（集团）股份有限公司摩托车产品远销160多个国家和地区，汽车产品远销60多个国家和地区，已经在海外市场布局了完整成熟的销售和服务渠道。

力帆实业（集团）股份有限公司注册的企业性质是私营企业，实际上是一家典型的家族企业。比如，在力帆实业（集团）股份有限公司的股权结构（图8.1）中，创始人尹明善及家庭成员直接持有力帆实业（集团）股份有限公司0.49%的股份，并通过重庆力帆控股有限公司间接持有力帆实业（集团）股份有限公司47.49%的股份，尹明善家族合计持有力帆实业（集团）股份有限公司47.98%的股份，尹明善及其家族成员是力帆实业（集团）股份有限公司最大股东和实际控制人；在力帆实业（集团）股份有限公司的董事会中，尹明善及家族成员占4人，同时，尹明善家族的成员还分别担任了力帆实业（集团）股份有限公司下属重要子公司的董事长、总经理或董事职务（表8.1和表8.2）；自力帆实业（集团）股份有限公司成立以来，尹明善一直担任集团公司董事长，直到2017年才卸任董事长职务。

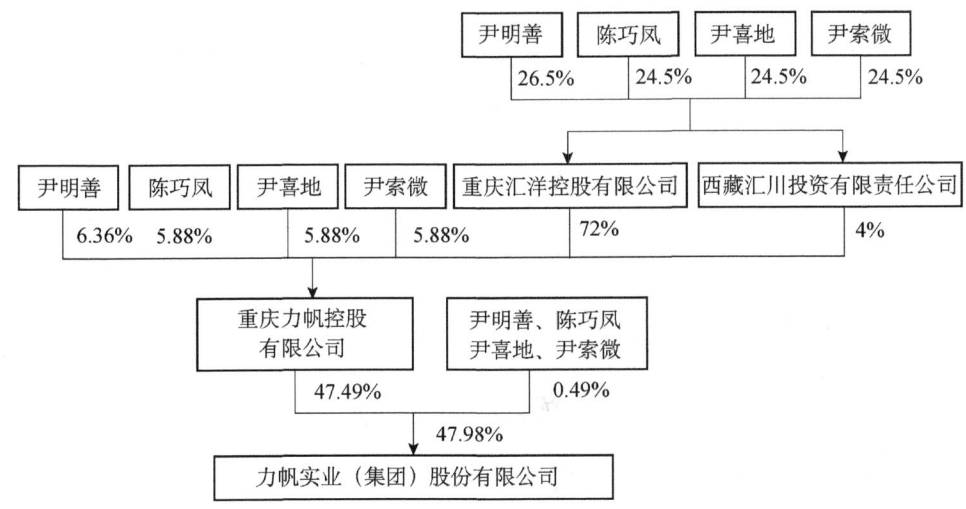

图 8.1　力帆实业（集团）股份有限公司股权结构

资料来源：《力帆实业（集团）股份有限公司2017年年度报告》

表 8.1　2017 年力帆实业（集团）股份有限公司董事会成员情况

姓名	职务	出生年份	性别	学历
尹明善	董事	1938	男	—
牟刚	董事长	1970	男	本科
陈卫	副董事长	1956	男	博士研究生
王延辉	副董事长	1969	男	本科
陈巧凤	董事	1967	女	—
尹喜地	董事	1971	男	—
尹索微	董事	1987	女	本科
陈雪松	董事	1971	男	—
马可	董事	1984	男	本科
谭冲	董事	1963	男	硕士研究生
汤晓东	董事	1970	男	本科
徐世伟	独立董事	1965	男	硕士研究生
陈煦江	独立董事	1973	男	博士研究生
谢菲	独立董事	1964	男	博士研究生
李明	独立董事	1972	男	硕士研究生
刘颖	独立董事	1972	女	博士研究生
岳川	独立董事	1985	男	博士研究生
郭剑锋	董事会秘书	1983	男	本科

资料来源：《力帆实业（集团）股份有限公司 2017 年年度报告》
注："—"表示未见报道，资料无

表 8.2　2017 年力帆实业（集团）股份有限公司高管团队构成情况

姓名	职务	出生年份	性别	学历
马可	总裁	1984	男	本科
杨波	常务副总裁	1972	男	本科
沈浩杰	副总裁	1966	男	博士研究生
董旭	副总裁	1977	男	本科
郝廷木	副总裁	1973	男	本科
叶长春	总会计师	1977	男	硕士研究生

资料来源：《力帆实业（集团）股份有限公司 2017 年年度报告》

8.3.2　国际化路径与模式选择

1. 出口贸易（代理出口、直接出口）

寻找外贸代理商是力帆进军国际市场的第一步。1994 年，通过中间销售商，力帆 70 辆 80 型摩托车出口阿根廷，这是重庆民营摩托车企业首次向国外出口，从而揭开了力帆国际化经营的序幕。1998 年，通过中间销售商，力帆摩托车开始向越南出口。同年 9 月，经外经贸部（现为商务部）批准，力帆获得自营进出口权，开始批量出口产品，当年出口收入达 210 万美元。1999 年，出口收入达 860 万美元。2000 年 3 月，力帆进出口公司成立，成为重庆第一家拥有进出口公司的民营企业，当年出口收入达 5200 万美元。仅用 2 年的时间，力帆摩托车和汽油机等产品打入美国、日本、英国、德国等 80 多个国家和地区。2001 年 9 月，力帆摩托首次销售到日本。2001 年，力帆出口收入达 1.174 亿美元，是全国首家出口收入突破 1 亿美元的摩托车企业。2003 年，力帆摩托车和发动机等产品通过欧盟 E-MARK 认证，产品可以自由进入欧洲 18 个国家。2005 年，力帆出口收入达 2.61 亿美元。2007 年，力帆出口收入达 4.096 亿美元。2008 年，力帆 520 轿车在智利、伊朗、尼泊尔、哥伦比亚、委内瑞拉等多个国家相继上市。2016 年力帆出口创汇 46.65 亿元人民币，2017 年出口创汇收入保持小幅增长。截至 2017 年底，力帆摩托车产品出口 160 多个国家和地区，力帆乘用车产品出口 60 多个国家和地区。

2. 设立海外商贸处（构建海外营销网络）

力帆在国际化之初，就注重海外营销网络的构建，海外投资也同时推进，由此形成了一个庞大的海外营销网络，这个网络以企业自有外贸公司为龙头，以 10 多家海外商贸处为分支，以上百家海外代理商为外援。截至 2017 年底，力帆已拥有乘用车海外一级代理网点 44 个、二级代理网点 341 个，摩托车海外代理网点 800 多个。

3. 海外投资建厂

2001 年 9 月，力帆在越南胡志明市合资设立了力帆（越南）摩托车制造联营公司（力帆持股 70%，越南方企业持股 30%），并于 2002 年开始生产。作为协议条件，力帆给合资企业提供图纸、安装设备，带动越南当地的摩托车零部件企业发展，从而迈出了力帆海外建厂实质性的一步。到 2009 年底，力帆在印度尼西亚、马来西亚、菲律宾和柬埔寨等国拥有了自己的摩托车生产基地。此后，力帆又在美国、南非、伊朗和保加利亚等国投资建立摩托车生产基地，就地制造或组装摩托车。2007 年，首台力帆轿车在越南下线，力帆开始了在海外生产轿车的历史。自 2013 年以来，力帆积极响应"一带一路"倡议，加速海外发展投资布局。俄罗斯作为"一带一路"的北线重点国家，与中国具有深度合作关系，成为力帆响应"一带一路"倡议及"走出去"的重点区域。例如，2014年10月，力帆与俄罗斯利佩茨克州政府签署投资意向协议①，计划投资3亿美元建设力帆全资的汽车整车制造厂。新工厂位于利佩茨克州利佩茨克联邦经济特区，占地60万平方米，产能达每年6万台。截至2017年底，力帆已在"一带一路"沿线的俄罗斯、土耳其、乌拉圭、埃塞俄比亚、伊朗、阿塞拜疆、伊拉克建有六座汽车生产工厂，四座技术合作工厂。

4. 国际战略联盟

2011年5月，力帆与世界著名的半导体厂商英飞凌达成战略合作；2011年7月，力帆与意大利MV Agusta宣布双方正式达成战略合作；2012年5月，力帆正式加盟世界知名学府麻省理工学院全球产业联盟；2012年9月，力帆与世界知名发动机研发公司英国里卡多公司（Ricardo）签署合作协议，双方将联合开发1.4L直喷增压汽油发动机②。

8.4 万向集团公司国际化路径与模式选择

8.4.1 公司简介

万向集团公司诞生于1969年，企业的前身是创建于1969年的萧山宁围人民公社农机修理厂，创始人鲁冠球以4000元资金起步，带领6名农民，组建了浙江萧山宁围人民公社农机修理厂。1975年10月，工厂更名为萧山宁围公社万向节厂，主要生产犁刀、铁耙、万向节等产品。1979年，工厂开始集中力量生产汽车万向节产品。1990年12月，万向集团公司成立。1994年，"万向钱潮"在深圳证券交易所上市，股票代码为000559，由于万向集团公司的主导产品为

---

① 力帆对俄罗斯市场汽车的开拓始于2007年。2007年，借助2007俄罗斯中国年·重庆周的机会，力帆开始进入俄罗斯汽车市场；2008年，力帆在俄罗斯建立KD（散件）组装工厂；2010年，力帆在俄罗斯建立代表处，具体负责品牌推广和营销体系管理；2012年，力帆在俄罗斯成立力帆汽车俄罗斯有限公司，全面开始在俄罗斯自行管理销售网络、营销、品牌推广和售后服务。

② 该事件未见后续报道。

"钱潮牌"万向节,上市公司被命名为"万向钱潮"。万向集团公司以制造和销售汽车零部件为主业,是目前世界上万向节专利最多、规模最大的专业制造企业。在中国拥有 6 平方千米制造基地,与中国第一汽车集团有限公司、东风汽车集团有限公司、上海汽车集团股份有限公司、广州汽车集团股份有限公司等建立了稳定合作关系。主导产品市场占有率在 65%以上。在美国、英国、德国等 10 个国家拥有近 30 家公司,40 多家工厂,是通用电气公司、大众汽车集团、福特汽车公司、克莱斯勒汽车公司等国际主流汽车厂配套合作伙伴。全球员工达 4 万余人。

万向集团公司注册的企业性质是乡镇集体企业[①],实际上是一家典型的家族企业。在万向集团公司的股权结构中,创始人鲁冠球通过万向经理人发展责任激励会持有万向集团公司 80%的股份(《万向钱潮:2017 年年度报告》)。在万向集团公司的董事会成员中,创始人鲁冠球担任万向集团公司董事局主席[②],儿子鲁伟鼎是万向集团公司董事长和首席执行官。此外,鲁冠球的家族成员还分别担任了万向集团公司下属重要子公司的董事长、总裁和总经理等职务。大女儿鲁慰芳担任万向北京代表处总经理;二女儿鲁慰青和丈夫韩又鸿一家主管上海万向资源有限公司,韩又鸿担任万向资源有限公司总裁;小女婿倪频为万向美国公司董事长、万向集团公司资深执行副总裁。

8.4.2　国际化路径与模式选择

1. 贴牌/代工生产(OEM)与出口贸易

1984 年,美国第三大汽车零部件供应商 Zeller 在广交会上看到万向的产品后,经过实地考察生产车间和亲自测试产品后,与万向签订了 3 万套指定型号万向节出口合同,并冠以"舍勒"的商标,通过其销售网络转销世界各地。万向由此开始了以 OEM 的方式拓展海外市场之路。此后近 10 年时间,万向几乎完全依靠海外订单扩大出口,这些订单多半属于欧美汽配经销企业的外包业

---

① 1988 年,鲁冠球用 1500 万元人民币向宁围镇政府买断了万向节厂的股权,万向由乡镇集体企业转变成为民营企业。

② 2017 年 10 月 25 日鲁冠球因病逝世,11 月 3 日万向集团公司董事局召开特别会议,一致通过实际控制人鲁伟鼎为万向集团公司法定代表人,担任董事长、首席执行官;会议决定,万向集团公司董事局主席职务的称谓作为对创始人鲁冠球的尊称和纪念,将被永久保留。

务。1986 年,万向经国务院批准成为全国万向节唯一的出口基地,并开拓了澳大利亚、泰国、菲律宾市场。1987 年,万向进入日本、意大利、法国、德国等 18 个市场,当年实现销售收入 230 万美元。

20 世纪 80 年代,中国经济处于计划经济时代,万向作为一家乡镇企业,生产的产品进不了国家计划。为了企业的生产和发展,万向通过贴牌/代工生产,利用国内低成本优势打入跨国公司的全球生产体系,与东道国的市场需求相结合,努力扩大在海外的营销网络。

2. 设立海外办事处

1992 年,万向在美国设立办事处,直接派员工到办事处处理海外市场业务。这标志着万向国际化从产品"走出去"到人员"走出去"。

3. 设立海外分公司

例如,1994 年,经国家外经贸部批准,万向集团的全资海外子公司——万向美国公司成立。万向美国公司负责万向国际市场体系的建设与相关品牌的创立和管理,第二年的销售收入达 350 万美元。1996 年,万向欧洲公司、南美公司成立,海外销售收入突破 1000 万美元。截至 2018 年底,万向在美国、英国、墨西哥、委内瑞拉、巴西、加拿大等 8 个国家建立了 18 家海外分公司。

4. 跨国并购

万向的跨国并购始于 1997 年,主要围绕汽车零部件这一主业。1997 年 7 月,万向收购英国 AS 公司 60%的股权并成立了万向欧洲轴承公司,开启了万向跨国并购之路。2000 年 4 月,与美国 LSB 公司合作收购美国舍勒公司(Zeller)的全部股权,获得舍勒公司的万向节品牌、技术专利、专用设备和全球市场网络,成为全球万向节专利最多的企业。2000 年 10 月,收购汽车轮毂制造商美国 LT 公司 35%的股权,成为最大股东,万向由此在北美拥有了第一个汽车轮毂加工和装配基地。2001 年 8 月,收购在纳斯达克上市的零售商联合美国工业公司(United American Industry,UAI)21%的股权,成为最大股东及董事会副主席,打开了汽车制动器进入美国市场的通道。2003 年 9 月,收购美国洛克福特公司 33.5%的股权,成为洛克福特公司的最大股东,实现了由零件供货到国内加工、国外装配、总成供货的重大突破。2005 年,收购美国三大汽车厂商的一级供应商 PS 公司 60%的股权,打通了向福特汽车公司、克莱斯勒汽车公司、通用电气公司三大汽车制造商供货的渠道。2007 年 7 月,出资 2500 万美元收购美国 AI 公司的全部优先股,获得该公司 30%的股权,成为最大股东。美国 AI 公司是一家专门从事模块装配及物流管理的公司,规模和技术都居世界领先地位,在美国 7 大州拥有 12 个装配厂。收购 AI 公司最重要的目的是获得其对对外采购链的绝对控制。2008 年,收购福特蒙洛公司。2009 年 3 月,收购美国 DS 公司,成为全美汽车加热器和汽车水箱最大的供应商。2013 年 1 月,收购美国锂电池制造企业 A123 系统公司,获得了 80%的股权。2014 年,收购在美国申请破产保护的高端电动汽车制造商 Fisker 公司,从而拥有了 18 项 Fisker 的专利,这些专利涉及电动汽车制造技术。截至 2018 年底,万向集团在美国拥有 48 家工厂,在北美生产的每两辆汽车中有一辆使用万向的零部件。

8.5 家族企业国际化路径与模式选择及其影响因素

8.5.1 家族企业国际化路径与模式选择

力帆的国际化道路首先从东南亚国家起步,即首先选择地理或文化距离较近的东南亚国家,随着国际市场知识和资源的积累,逐渐扩展到非洲、欧洲、美洲等更遥远的国际市场;力帆的国际市场进入模式包括代理出口、直接出口、设立海外商贸处、海外投资建厂(合资企业、独资企业)、国际战略联盟等。

万向的国际化路径选择并不完全遵循由近及远的"心理距离",事实上,国际化之初,万向就选择了欧美发达国家的先进企业,通过跨国并购这一激进的方式进入国际市场,以获取先进企业的战略资产,弥补后发家族企业先天竞争劣势;万向的国际市场进入模式包括贴牌或代工生产(OEM)、出口贸易(代理出口、直接出口)、设立海外办事处、设立海外分公司(海外销售机构)和跨国并购等。

综上所述,逐步国际化是中国家族企业国际化的基本路径,家族企业首先进入地理或文化距离较近的国家,随着国际化知识和资源等的积累,渐渐扩展到更遥远的国际市场。中国家族企业国际化经营经历了贴牌/代工生产、出口贸易(代理出口、直接出口)、建立海外销售机构、海外直接投资建厂(建立全资子公司或独资企业、合资企业、跨国并购)和国际战略联盟等,是一个逐步发展的过程。需要指出的是,以获取战略资产为目的的家族企业倾向于选择欧美发达国家的技术实力强、品牌价值高的先进企业,通过跨国并购这一激进的方式进入国际市场,以此弥补作为后发企业的先天竞争劣势。该结论与 Luo 和 Tung（2007）关于新兴市场企业国际化路径与模式选择的结论一致。同时,贴牌或代工生产（OEM）是中国家族企业独特的国际市场进入模式,与发达国家中的家族企业国际市场进入模式存在一定的差异性。

8.5.2 家族企业国际化路径与模式选择的影响因素

家族企业国际化路径与模式选择受到多因素的影响。针对力帆和万向案例,本书尤其强调企业家精神、国际化经验、公司治理结构、东道国企业的战略资产、东道国和母国的产业与制度环境、"一带一路"倡议等因素的影响。

1. 企业家精神

家族企业是一种典型的企业家控制型企业,企业家/创始人的企业家精神与家族企业国际化路径与模式选择密切相关。例如,力帆自创建以来,始终贯彻创始人尹明善的"创新、出口、信誉好"的经营理念；"一带一路"倡议提出之后,尹明善多次公开表达"在'一带一路'上民企应当一马当先"。创始人尹明善的企业家精神直接决定了力帆国际化的路径与模式选择。万向的每一次飞跃都与创始人鲁冠球的企业家精神有关（李田等,2017）。1980年,鲁冠球凭借其对汽车万向节产品市场的洞察能力,果断调整战略方向（李田等,2017）,主攻汽车万向节产品。鲁冠球多次提到："国际化的过程,本身也是学习的过程。""我不造汽车,我儿子也要造。儿子成功不了,我孙子继续。"企业家敏锐的洞察能力、学习精神、专注精神和创新精神是万向国际化的核心力量。

> 南存辉评价道："可以说,无论是在理念创新、产品创新、技术创新、管理创新,还是在金融创新、走出去创新等方面,鲁老先生都有着不凡的建树。而支撑这一个个'最早'的内核动力,除了有他对商业世界的敏锐洞察、敢闯敢拼和远见卓识,更有着艰苦奋斗、锲而不舍的工匠精神,和对责任的坚守、梦想的坚持。"[①]

---

① 中国民营企业"教父"——鲁冠球传奇人生落幕,马云、南存辉等浙商撰文追忆. https://www.sohu.com/a/201504400_784431［2017-10-31］.

浙江省科技厅厅长周国辉说:"鲁冠球作为第一代浙商企业家,在我看来几乎是个完人。他勤劳朴实,始终以农民为荣;他敢为人先,万向钱潮就是对自己和万向人的激励;他勤奋好学,在老一辈企业家中是读书最多、写作最勤的一位;他开拓创新,也是老一辈浙商中最钟情科技创新的人;他执着坚守,一辈子专注新能源汽车梦,自比愚公;他利义并举,乐善好施,有家国情怀,把国家、事业、奉献、精神比个人利益、金钱看得更重。"①

马云在悼念鲁冠球时说,鲁老身上最鲜明的东西,就是他骨子里与生俱来的企业家精神,那种"虽千万人吾往矣"的洞见和气度。鲁冠球用自己一生的经历对企业家做了一个定义,即企业家是"追求实现梦想"的人。②

2. 国际化经验

国际化经验是指企业在国际化经营过程中积累的国际市场知识、各国制度和文化知识等。国际化经验作为一种独特资源影响家族企业国际化路径与模式选择。一般而言,国际化经验能够增强家族企业对国际市场战略机遇的把握能力和对国际市场信息的处理能力,帮助家族企业学习如何进入新市场并在新市场运营,以及如何克服"新进入者劣势"(Pennings et al.,1994;Hsu et al.,2015),降低家族企业国际化过程中增大的不确定性和交易成本。因此,国际化经验丰富的家族企业选择国际市场进入模式的自由度较大;同时,国际化经验丰富的家族企业更容易发现、获取和开发全球战略资产。因此,国际化经验丰富的家族企业更倾向于选择合资新建或跨国并购模式进入国际市场。力帆在早期的国际化过程中,主要通过出口贸易、设立海外商贸处等积累了一定的国际市场知识和国际制度知识,这些国际化经验为力帆在境外投资建厂(如建立合资或独资企业)等奠定了坚实基础。万向美国公司自 1994 年成立以来,帮助万向在美国成功地进行了数十起收购兼并,以及若干自建和合资项目(魏江和王诗翔,2017)。这得益于万向美国公司的全面本地化改造带来的丰富的国际化经验,如万向美国公司聘请美国人盖瑞为首席运营官和首席财务官,招聘当地人

---

①② 陈婕,张云山,王燕平,毛卫星. 鲁冠球给企业家留下什么?一颗初心、一个梦想、一种担当. https://zj.zjol.com.cn/news/789292.html[2017-10-31].

才并按当地标准付薪，聘请美国前总统小布什的叔叔担任顾问（魏江和王诗翔，2017），按照当地最严格的标准管理公司，从而使万向美国公司拥有了丰富的国际化经验。丰富的国际化经验确保了万向一系列跨国并购的成功。

3. 公司治理结构

完善的公司治理结构是家族企业国际化路径和模式选择的基础。力帆和万向这两家企业均建立了比较完善的公司治理结构，如两家企业都建立了董事会、监事会及高管薪酬激励等制度，家族成员涉入企业管理的程度较低。母公司完善的治理结构为家族企业在海外直接投资建厂以及跨国并购等提供了制度保障。以力帆为例，力帆董事会规模为 17 人，其中独立董事 6 人（表 8.1），非独立董事（11 人）的平均年龄为 46.45 岁，董事会成员主要由具有丰富经验的行业专家、财务和投资专家等组成，董事长牟刚曾任重庆瑞力士机械有限公司外贸部副经理、重庆力帆实业（集团）进出口有限公司副总经理、力帆实业（集团）股份有限公司副总裁，具有丰富的行业经验和国际化经验；力帆高管团队规模为 6 人，全部由职业经理人构成（表 8.2），相对于家族经理，职业经理人通常接受过正规教育并具有外部工作经历（Sanchez-Famoso et al.，2015），他们往往与供应商、金融机构等外部利益相关者建立了良好的个人关系（Kraus et al.，2016），为家族企业在海外新建独资或合资企业提供了资源与能力支持。

此外，家族后代涉入企业管理对于家族企业国际化也具有重要作用。例如，万向的国际化全权交给了鲁冠球的女婿倪频。多年来，万向在美国的多起跨国并购、参股案例，都是由倪频主持完成。倪频 1989 年在浙江大学获工商管理硕士学位，分配至浙江省社会科学院工作。他在万向基层锻炼时得到了鲁冠球的赏识，后成为鲁冠球的女婿。倪频在美国边读书边筹备美国公司。1993 年 9 月，万向美国公司在美国肯塔基州注册成立。当时，由于资金转不出去，刚开始创业的倪频只能靠向朋友借款和自己的奖学金约 5 万美元开展工作。1994 年 7 月，经外经贸部批准，万向美国公司正式成立。1996 年初，经过几个月的努力，万向美国公司成立了万向欧洲公司、万向南美公司，并开始投资房地产。万向美国公司由于其所处的战略地位和地理，真正担当起了万向集团国际化的排头兵。倪频的海外留学和工作经历使他有更多的机会接触海外业务信息，并拥有更开阔的视野，在万向集团的国际化进程中发挥着举足轻重的作用。

4. 东道国企业的战略资产

Luo 和 Tung（2007）指出，随着世界政治和经济环境的变化，海外市场的重要战略资产如技术知识、管理诀窍和品牌资源等比过去更易获得，这为中国企业提供了机会。以获取战略资产为目的的家族企业倾向于选择跨国并购模式进入国际市场。万向跨国并购最主要的目的是获取欧美发达国家先进企业的战略资产，这些战略资产主要包括品牌、销售渠道（与主机厂商的配套关系）、技术和客户资源等，以弥补万向作为新进入者在国际市场上的竞争劣势。对发达国家先进企业战略资产的获取，促进了万向国际化知识与能力的积累以及国际化水平进一步的提高。

5. 东道国和母国的产业与制度环境

第一，东道国制度环境的影响。例如，为保护国内的摩托车生产厂商，加速摩托车国产化，从 2001 年起，越南政府开始大幅度提高摩托车进口关税，并进行配额限制，为了降低越南政府对中国摩托车进入越南市场设置的各种进入障碍，2001 年 9 月，力帆在越南胡志明市合资设立了力帆（越南）摩托车制造联营公司；同时，由于中国与越南相近的制度与经营环境，力帆与越南的企业合作更加顺畅。2008 年，力帆在俄罗斯建立 KD（散件）组装工厂，以避开俄罗斯严格的汽车产品准入制度以及对整车进口的高额关税。

第二，母国产业环境的影响。自 20 世纪 90 年代中后期以来，中国摩托车产业开始步入成熟期甚至是衰退期，日益呈现出国内市场竞争加剧、产能过剩、成本上升和利润空间缩小的态势，摩托车行业成为典型的微利行业，为了规避国内市场空间的局限性，力帆摩托车产品开始走出国门，通过选择代理出口、直接出口、设立海外商贸处、海外直接投资建厂等逐步国际化路径，以获取摩托车行业更大的利润。

第三，母国制度环境的影响。转型经济时期的特殊性使制度环境对中国家族企业国际化战略选择具有重要影响。从力帆案例可以看出，20 世纪 90 年代以来，受国家政策调整及日益严格的环保政策和"禁限摩"政策的影响，力帆在创立之初就选择将低附加值的摩托车产品向越南等东南亚不发达国家和地区出口，希望依靠规模和成本优势来获取竞争优势。从万向案例可以看出，万向在国际化初期的国际化模式选择与当时制度环境的压力存在密切关系。当时，汽车零部件由国家统一经销采购，而计划内供应商都是国营企业，万向根本无法进入国营大厂的供应体系；严格的进出口管制，使得像万向这样的乡镇企业几乎不可能依靠自己的力量进入国际市场。因此，万向在国际化初期以简单产品为起点，通过代工生产万向节。此外，万向开始密集进行跨国并购的时间在2000年以后，这与中国将"走出去"战略上升为国家战略的时间相吻合[①]。

6. "一带一路"倡议

"一带一路"倡议是今后长时间中国家族企业经营和生存的宏观经济环境。"一带一路"倡议所包含的"政策沟通、贸易畅通、资金融通、民心相通"等合作内容，有助于中国家族企业在"一带一路"沿线国家获得新的或更多的市场机会、更多的资金支持，较低的投资贸易壁垒和更公平地参与市场竞争等；同时，在"一带一路"倡议及政策刺激下，中国各省级政府都在加强与世界接轨，为本地企业与国外企业提供一个更宽松的竞争环境、更统一的法律执行力及更少的政府无序干预，从而有助于中国家族企业"走出去"，进入"一带一路"沿线国家。

为响应"一带一路"倡议，自2013年以来，力帆加大了对"一带一路"沿线国家俄罗斯的海外投资，2014年10月与俄罗斯利佩茨克州政府签署投资意向协议，计划投资3亿美元建设全资汽车整车工厂。2017年，力帆汽车在俄罗斯的销量继续保持领先，已连续7年为中国品牌销量第一。2016年，俄罗斯汽车协会更授予力帆"最知名中国品牌"的荣誉称号。

为响应"一带一路"倡议，万向收购美国A123公司之后，将新工厂布局在"一带一路"沿线国家捷克，2017年该工厂已投产。

8.6 结论与讨论

8.6.1 研究结论

本章在整合国内外学术界有关家族企业国际化路径与模式选择相关研究成

---

① 2000年初，江泽民同志在全国人大九届三次会议上把"走出去"战略提高到国家战略层面，并将其列入我国第十个五年规划纲要中。

果的基础上，运用探索性多案例研究方法，选取"一带一路"沿线中国重点省份重庆市和浙江省的 2 家典型家族企业，探讨这 2 家典型家族企业国际化路径与模式选择及其主要影响因素，主要研究结论如下。

第一，逐步国际化是中国家族企业国际化的基本路径，中国家族企业国际化经营经历了贴牌或代工生产、出口贸易（代理出口、直接出口）、建立海外销售机构、海外直接投资建厂（建立全资子公司或独资企业、合资企业、跨国并购）和国际战略联盟等一个逐步发展的过程；但是，以获取战略资产为目的的中国家族企业可以选择发达国家一些品牌价值高、技术实力强但经营不善的企业，通过跨国并购这一激进的方式进入国际市场，以此弥补后发企业的先天竞争劣势。

第二，家族企业国际化路径与模式选择受到多种因素的影响，如企业家精神、国际化经验、公司治理结构、东道国企业的战略资产（研发、技术和品牌资源等）、东道国和母国的产业与制度环境、"一带一路"倡议等。家族企业应该根据企业内外部条件来选择适宜的国际化路径、模式及目标市场。

8.6.2 管理启示

本章研究结论对"一带一路"背景下中国家族企业国际市场进入模式与路径选择、政府政策制定具有重要启示。

第一，家族企业应该结合企业自身条件以及"一带一路"沿线国家的产业环境与制度环境等，选择适宜的国际市场进入模式与路径。对于大部分中小家族企业而言，由于高水平的家族所有权与家族管理权涉入，此类家族企业通常缺乏国际化经营活动所需的财务资源、管理能力及国际市场知识等，因此逐步国际化是此类家族企业国际化的基本路径，而出口贸易（代理出口、直接出口）是此类家族企业国际市场的基本进入模式。

第二，对少部分以获取"一带一路"沿线国家企业战略资产（研发、技术资源和品牌等）为目的的大型家族企业集团而言，在充分了解沿线国家的资源、产业与制度环境的基础上，可以选择地理或文化距离较远的发达国家的先进企业进行跨国并购，快速获取这些先进企业的战略资产，进而提升家族企业的国际市场竞争力。

第三，积极营造有利于家族企业家精神培育的社会文化环境；家族企业要在"体验式"学习过程中不断积累和丰富自身的国际化经验,进而推动家族企业国际化扩张。

第四,鼓励和支持家族企业引进国际化经验丰富的专门人才。

第五,完善家族企业"走出去"、参与"一带一路"建设的产业环境与制度环境。积极推进供给侧结构性改革,化解产能过剩;积极营造家族企业平等的营商环境;各级地方政府部门应积极对接国家"一带一路"倡议,制定政策鼓励家族企业积极响应国家"一带一路"建设,推动家族企业向"一带一路"沿线国家和地区拓展。

8.6.3 研究局限性及建议

受研究条件和研究者能力的限制,本章研究存在一定的局限性,具体体现为如下几点。

第一,案例样本选择的局限性。本章选取的两家案例企业[力帆实业(集团)股份有限公司、万向集团]都是经历了国际化多个阶段的大型家族企业集团,缺少中小家族企业国际化的案例样本及"天生国际化家族企业"国际化的案例样本。在以后的研究中可再寻找(增加)这类案例样本,从而得出一些更具价值的研究结论。

第二,由于家族企业国际化过程复杂,影响因素较多,本章重点讨论了企业家精神、国际化经验、公司治理结构、东道国企业的战略资产、东道国和母国的产业环境与制度环境、"一带一路"倡议等的影响,忽视了对家族特征(如家族所有权、家族管理权、家族涉入或传承代数、家族文化)影响家族企业国际化路径与模式选择问题的讨论。家族系统对企业系统的涉入是家族企业区别于非家族企业的本质特征,因此本章的案例研究无法很好地体现家族企业与非家族企业在国际化路径与模式选择上的差异性。

第三,未能进行问卷调查的实证研究来辅助案例研究。案例研究的理论描述可能是特别现象或者理论,不能产生一般性层次理论(Eisenhardt,1989)。因此,未来可以进行较大样本的问卷调查和统计分析,以验证本章的相关结论。

第九章

"一带一路"背景下家族企业国际化路径与模式选择

9.1 以出口贸易模式进入"一带一路"沿线国家

中国家族企业以中小企业为主体，家族所有者掌握着大部分的企业所有权与管理权。高水平的家族所有权与家族管理权涉入，使家族企业尤其是中小家族企业通常缺乏开展国际化经营活动所需的财务资源、管理能力和国际市场知识。与其他国际化模式相比，出口贸易模式所需要的财务资源、管理能力和国际市场知识相对更少。因此，通过中间商间接出口（代理出口）、直接出口是中国绝大多数家族企业国际化经营活动的基本模式选择，也是中国绝大多数家族企业进入"一带一路"沿线国家的基本模式选择。

家族企业对直接出口、间接出口模式的选择除了受到家族所有权、家族管理权等家族涉入因素的影响之外，也会受到企业市场势力、企业生产率等因素的影响。

第一，根据市场势力的大小选择出口贸易模式进入"一带一路"沿线国家。巫强和余鸿晖（2019）的研究指出，市场势力越大，制造业企业选择间接出口或直接出口的可能性越高。因此，对于市场势力大的制造业家族企业，可以选择先间接出口，然后直接出口的国际化模式进入"一带一路"沿线国家。

第二，根据生产率的高低选择出口贸易模式进入"一带一路"沿线国家。巫强和余鸿晖（2019）的研究指出，低生产率制造业企业倾向于采取直接出口或间接出口。因此，对于低生产率的制造业家族企业，可以选择直接出口或间接出口的国际化模式进入"一带一路"沿线国家。

9.2 以独资模式进入"一带一路"沿线国家

家族企业具有强家族控制偏好以及高风险厌恶特征，在国际化经营活动中更倾向于选择不威胁其独立性的国际化经营模式。因此，以独资模式进入"一带一路"沿线国家，是中国家族企业国际化经营活动的重要模式选择。比如，实力雄厚的大型家族企业集团、资产专用性程度高的家族企业、国际化经验丰富的家族企业、生产率高的家族企业可以选择独资模式进入"一带一路"沿线国家，尤其是进入制度环境较好的"一带一路"沿线国家。

9.3 以合资、并购等模式进入"一带一路"沿线国家

理论与实践表明：家族企业选择合资模式进入"一带一路"沿线国家，以获取沿线国家的原材料、市场和劳动力等为主要目的；家族企业选择并购模式进入"一带一路"沿线国家，则以获取沿线国家先进企业的研发、技术和品牌等战略资产为主要目的。家族企业对合资、并购模式的选择除了受到家族权力等家族涉入因素的影响之外，也会受到企业规模、企业生产率、东道国经济环境、母国与东道国的制度距离和心理距离等因素的影响。

第一，根据家族企业自身状况，以合资或跨国并购等模式进入"一带一路"沿线国家。蒋冠宏（2017）的研究指出，生产率较高、资本较密集和规模较大的中国企业，倾向于以合资或并购的方式进入"一带一路"沿线国家。因此，对于生产率高的家族企业或资本密集的家族企业或规模较大的家族企业，可以选择以合资或并购等模式进入"一带一路"沿线国家。

第二，根据东道国经济环境选择合资、跨国并购等模式进入"一带一路"

沿线国家。东道国的经济环境（包括市场环境和经济环境）是影响家族企业国际化模式选择的基本变量，尤其是家族企业在股权与非股权进入模式之间选择时，市场因素和经济因素成为考察进入风险与潜在收益的重要决策参数（黄速建和刘建丽，2009）。比如，家族企业可以选择合资模式进入经济不确定性大的"一带一路"沿线国家。

第三，根据东道国的制度质量及东道国与母国的制度距离选择合资或跨国并购等模式进入"一带一路"沿线国家。比如，家族企业可以选择跨国并购模式进入制度质量较好，或东道国与母国制度距离远或制度差异较大的"一带一路"沿线国家（蒋冠宏，2017）；家族企业可以选择合资模式进入制度质量较差或制度风险较高的"一带一路"沿线国家，或东道国与母国制度距离较近或制度差异较小的"一带一路"沿线国家。

第四，根据母国与东道国心理距离，包括地缘接近性、文化相似性、体制相似性、邦交紧密性和发展阶段相似性等，选择合资或跨国并购等模式进入"一带一路"沿线国家。企业投资一般遵循心理距离"由近及远"的原则。因此，家族企业可以选择合资、跨国并购模式进入母国与东道国心理距离较小的"一带一路"沿线国家。

第五，考虑"走出去"的目的选择合资、跨国并购等模式进入"一带一路"沿线国家。"一带一路"沿线国家大多数是新兴经济体和发展中国家，这些国家通常拥有丰富的资源、廉价的劳动力和广阔的市场。同时，"一带一路"沿线国家的经济发展水平差异较大，沿线国家的技术和研发资源也存在较大差异。因此，可以引导家族企业特别是需要利用"一带一路"沿线发展中国家来进行企业转型或产业转移的家族企业，贴近境外资源产地和市场需求地投资建厂，进行企业转型或产业转移。如果家族企业以获取资源为动机，可以选择合资经营、联合经营等模式进入资源密集的"一带一路"沿线国家，如东南亚国家；如果家族企业以获取先进技术、研发和品牌等战略资产为动机，可以选择跨国并购或合资模式进入先进技术、研发和品牌资源密集的"一带一路"沿线国家，尤其是进入制度环境和营商环境好的"一带一路"沿线发达国家，如欧美发达国家。

9.4 以抱团方式进入"一带一路"沿线国家

中国家族企业以中小企业为主体,通常面临着企业财务资源、管理能力和国际市场知识不足等限制。因此,以抱团方式进入"一带一路"沿线国家,是中国家族企业国际化的重要模式选择。

第一,依托境外经贸合作区,以抱团方式集群式进入"一带一路"沿线国家。此类家族企业自身的资源有限,在"一带一路"建设中显得势单力薄。集群式"走出去"模式具有节约成本、规避风险、快速学习、贸易便捷等多种优势。

2005年底,中华人民共和国商务部提出建立境外经贸合作区的对外投资合作举措,并出台多项配套政策,鼓励企业抱团到亚洲、非洲和拉丁美洲的发展中国家建设经济贸易合作区。根据根据中华人民共和国商务部网站(www.mofcom.gov.cn)发布的统计数据,自2006年在巴基斯坦建立第一个境外经贸合作区"海尔工业园"以来,目前超过75%的中国境外经贸合作区分布在"一带一路"沿线国家;截至2016年底,中国已经在"一带一路"沿线20多个国家建设了56个境外经贸合作区,累计投资达185.5亿美元,入区企业达1082家;截至2018年底,中国已经在"一带一路"沿线24个国家建设了82个境外经贸合作区,累计投资304.5亿美元,入区企业达4098家。每个境外经贸合作区的签约国都为区内企业投资提供了优惠政策,境外经贸合作区入驻的企业可以同时享受中国政府的财政支持与政策优惠。中国境外经贸合作区内的行业以制造业为主,也涉及能源、建筑、建材、农业、林业、石油、矿产、轻工和电子等中国传统行业(李嘉楠等,2016),以及商贸物流、科技研发等行业类型,牵头企业多为国际经营能力较强的大中型企业。"一带一路"沿线国家大多处于工业化初期,市场潜力巨大,自然资源丰富,吸引外资与发展产业意愿强烈,与中国境外经贸合作区定位契合(李嘉楠等,2016)。目前,中国境外经贸合作区的产业聚集效应初步显现,"走出去"带动作用日益增强。事实上,境外经贸合作区已经成为中国推进"一带一路"建设的重要载体和中国企业"走出去"的重要平台。因此,中国中小家族企业可以依托中国境外经贸合作区,通过抱团方式集群式"走出去"进入"一带一路"沿线国家,从而弥补家族企业自身的资源劣势,实现优势互补。这是目前中国中小家族企业进入"一带一路"沿线国家的重要模式选择。

第二,充分利用现有的优势产业集群,增强优势产业集群的配套能力,打造完整产业链,鼓励全产业链"走出去",进而带动中小家族企业进入"一带一路"沿线国家;支持龙头骨干企业通过专业分工、服务外包、订单生产等方式,吸引中小家族企业参与"一带一路"产能合作;鼓励支持实力较强、经验丰富的大型龙头企业组建战略联盟,带动中小家族企业以抱团方式集群式进入"一带一路"沿线国家。

9.5 借助于国有大型企业平台进入"一带一路"沿线国家

目前,中国不少大型国有企业尤其是中央企业在"一带一路"沿线国家搭建了较为稳定的对外投资与经营平台,许多中央企业"走出去"的项目都是采用承包的方式,家族企业可以参与其中。家族企业可以通过专业化分工、服务外包、订单生产等方式与大型国有企业进行项目对接,为在"一带一路"沿线国家进行投资建设的大型国有企业供应原材料、零部件、成套设备及劳务等,进而逐步实施在"一带一路"沿线国家的投资合作战略。

9.6 以交通基础设施建设为契机,引导家族企业进入"一带一路"沿线国家

引导家族企业结合自身状况以合作、合资和独资等方式参与"一带一路"基建项目。小型家族企业可以从劳务合作或分包起步;大中型家族企业可以单独总包项目,也以可运用 PPP 模式参与基建项目建设的各环节,比如,资金充裕的家族企业可以参与融资环节,有技术优势的家族企业可以参与工程设计和

施工环节，有管理经验的家族企业可以参与项目管理和后期运营环节。

9.7 结合区域特点，引导家族企业进入"一带一路"沿线国家

家族企业所处地理区域不同，意味着企业"走出去"的生产成本和交易成本等不同，进而影响家族企业国际化模式选择。因此，结合区域特点，引导中国家族企业进入"一带一路"沿线国家，具有特别重要的现实意义。

第一，东盟、南亚地区。中国东南沿海各省（直辖市）与该地区文化背景有一定的相似性，地理距离较近，土地和劳动力成本低廉，华人华侨分布相对密集，这些省（直辖市）的家族企业在轻纺、建材、汽车、机械电子、食品加工、通信、化工等产业具有一定的比较优势，东南沿海省市的家族企业可考虑采取独资或合资模式进入上述地区。

第二，中亚、西亚地区。中国西北各省（自治区）与该地区文化背景有一定的相似性、地理距离较近，这些省（自治区）的家族企业可以在煤炭、矿产、油气、畜牧养殖等领域采取独资或合资模式进入上述地区，同时借助于国际工程承包项目，带动家族企业向该地区扩展。

第三，北非地区。引导中国家族企业在基础设施建设、现代农业、建筑、建材、轻纺、汽车、家电、工程机械、装备制造、矿产及油气资源开发等领域开展合作。

第四，蒙俄地区。引导中国家族企业在石油、天然气、钢铁、木材等资源领域进行联合开发。

第五，中东欧地区。引导中国家族企业在商贸物流领域开展合作。

第十章

"一带一路"背景下家族企业国际化的治理机制研究

10.1 完善促进家族企业国际化的内部治理机制

(1) 谨慎推进家族企业的股权结构改革。

第一,充分认识家族所有权对家族企业国际化的积极作用。在中国经济转型时期,家族所有权总体上仍然是一种有利于推动家族企业国际化的内部治理机制。因此,为促进中国家族企业"走出去"战略的顺利实施,家族企业不应过早或过度稀释企业的家族所有权。

第二,谨慎推进家族企业的股权结构改革。家族所有权是一把"双刃剑",从长远来看,家族企业仍然有必要结合企业自身状况与发展实际,适度和有计划地引入非家族股东,这样既可以保持家族对企业的所有权,同时又有助于缓解家族企业国际化所面临的财务资源不足等矛盾。

(2) 谨慎推进家族企业的职业化公司治理结构改革。

第一,充分认识家族管理权对家族企业国际化的积极作用。在中国经济转型时期,家族管理权总体上仍然是一种有利于推动家族企业国际化的内部治理机制。因此,为促进中国家族企业"走出去"战略的顺利实施,家族企业不应过早或过度引入职业经理人。

第二，谨慎推进家族企业的职业化公司治理结构改革。家族管理权是一把"双刃剑"，从长远来看，家族企业应逐步降低对家族创始人、家族经理的个人特质的依赖性或对其进行标准化的改造，在企业管理团队适度和有计划地引入具有国际化知识和经验的职业经理人，建立家族企业高管团队有效的激励与约束制机，充分调动职业经理人工作的积极性，以应对和满足家族企业国际化增大的复杂性、管理资源与能力需求。

(3) 重视第二代领导人的培养，积极推进家族企业的换代传承。

中国家族企业大多创建于 20 世纪 90 年代，目前正处于由创业一代向家族二代传承的高峰阶段。因此，家族企业主（第一代创业者）要合理地制定传承计划，强化家族管理权（事业）传承意识，同时加强对家族企业继承人的遴选和培养，让受过良好教育并具有较强实践经验的年青一代担当家族企业的重任，从长远来看，这有利于促进家族企业国际化扩张。

10.2 完善促进家族企业国际化的外部治理机制

(1) 完善法制环境。

进一步健全民营（家族）企业法律体系，尽快出台国内民营（家族）企业和个人去境外投资的法律、法规和实施细则，并就相关实施细则进行较为清晰的界定，使家族企业"走出去"有法可依、有章可循。

(2) 完善资本市场环境。

中国家族企业的基本特征是家族所有者掌握着大部分的企业所有权，导致家族企业通常缺少国际化经营活动所需的财务资源。因此，完善资本市场环境，解决以中小企业为主体的家族企业"融资难"等问题，对于中国家族企业进入"一带一路"沿线国家具有特别重要的意义。

第一，在国家层面成立专门支持民营（家族）企业参与"一带一路"建设的政策性银行；在省级层面成立支持民营（家族）企业参与"一带一路"建设的股份制或民营银行。为家族企业参与"一带一路"建设提供融资支持。

第二，设立支持民营（家族）企业参与"一带一路"建设的特别基金；在"丝路基金"和"亚投行"创新信贷机制，提供专项扶持资金，用于扶持民营

（家族）企业境外贸易营销网络建设、境外并购、生产性投资和对外承包工程。

第三，合理引导并规范民营（家族）企业境外上市；出台更为详细的民营（家族）企业境外上市指导意见；简化民营（家族）企业境外直接上市的审批程序。

第四，建立境外投资风险防范与保障体系。建立以对外投资风险担保为主要职责内容的保险公司，拓展对外投资风险担保的范围；联合"一带一路"沿线国家及国际合作组织，倡议亚洲基础设施投资银行、亚洲开发银行等金融机构建立投资担保体系；构建专门针对"一带一路"沿线国家的风险评估平台，全面评估对"一带一路"沿线国家开展贸易、投资与产能合作的承接能力水平、营商环境与风险挑战。

（3）完善职业经理人市场环境。

家族成员占据家族企业关键管理职位是中国家族企业重要特征之一。家族经理人力资本和社会资本等有限，导致家族企业通常缺少国际化经营活动所需要的管理能力和国际市场知识。从长远来看，家族企业应适当引入具有国际市场知识和管理能力的职业经理人。因此，完善职业经理人市场环境对于中国家族企业进入"一带一路"沿线国家具有特别重要的意义。

第一，推进职业经理人市场建设。推进高层管理者选任机制的市场化；推行以企业业绩为基准的市场化报酬机制；加快建立职业经理人市场的监管体制和个人诚信体系建设；政府应创造条件为家族企业提供更多适合"一带一路"建设的职业经理人才。

第二，构建完备的国际化人才储备库和人才支持体系。政府应着重做好以下几个方面的工作：①利用各类教育资源做好国内人才储备，增加国内学生留学访问与海外实践机会，培养具有国际视野的复合型人才；组织和加强"一带一路"建设的国际化专门人才的培养。②充分利用海外华商网络，在合作国打造本土化"人才供应链"与管理体系，为家族企业吸纳本地人才提供便利。③政府应从薪资、工作环境等方面制定优惠政策措施，鼓励和引导具有海外留学背景的人员回国创业或进入家族企业工作；鼓励家族企业引进具有国际化视野和综合能力的复合型人才。

（4）积极营造宽松有效的产业环境。

中国家族企业以中小企业为主，在参与"一带一路"建设时，需要得到与国有企业同等的重视和扶持，需要政府部门专业的政策指导。

第一，切实给予家族企业和国有企业参与"一带一路"建设的平等地位。在政策支持、资金扶持、融资担保、公共服务、投资便利等方面给予家族企业与国有企业同等的重视，减少对家族企业的行业准入限制和外汇资金使用限制，为家族企业对外经济合作拓宽道路。

第二，加强和创新在"一带一路"沿线国家的境外经贸合作区建设。建议国家在《境外经贸合作区发展布局指引（2016—2025年）》的基础上，加强合作区建设的国别和产业引导，搭建在建及筹建合作区的宣传推介平台，更为全面的发布在建及筹建的合作区信息，避免合作区重复和盲目投资；地方政府要加强对合作区规划编制的监督，引导企业编制严密完善的规划体系；健全境外经贸合作区的顶层制度设计，形成政策扶持的多重保障机制；结合中国与"一带一路"沿线国家的合作协议及规划，谋划跨境经贸合作区，对合作区进行科学定位，突出产业特色。比如，在哈萨克斯坦、乌兹别克斯坦、蒙古等建设农业加工型园区，在老挝、越南、柬埔寨等建设加工制造型园区，在俄罗斯、哈萨克斯坦、土库曼斯坦等建设资源合作型园区，在中东欧国家建设商贸物流园区；重点支持龙头带动型和集群支撑型产业集聚区项目；为境外经贸合作区的家族企业提供东道国国情、产业、文化和法律信息等服务；促进"一带一路"沿线国家不同境外经贸合作区之间的合作与交流。

第三，商务部牵头组建"一带一路"服务中心，负责收集整理境外投资项目信息，并建立"出海"项目库；指导和规范家族企业的境外经营行为；支持家族企业和国有企业协作"走出去"。

第四，探索建立"一带一路"建设的正面清单和负面清单，明确家族企业有所为和不可为领域。

第五，各级地方政府部门应积极对接国家"一带一路"倡议，协调落实"走出去"促进政策，进一步改善家族企业的生存环境以及家族企业国际化成长的宽松有效的产业环境。

第六，各级政府和投资促进机构，配合"一带一路"沿线国家政府、投资促进机构以及中国驻当地使领馆和中资机构，对"一带一路"沿线国家经济社会发展的重点、投资机会、各国投资动向、政策资源和风险评级等进行全面调研，拟定切实可行的计划。

第七，加强服务型政府建设，提高政府服务效率。加快政府职能转变，深化审批制度改革，全面清理各种行业准入证、生产许可证和职业资格证；建立一体化网络政务服务平台和统一的公共资源交易平台；积极试点市场准入负面清单制度和公平竞争审查制度。

（5）完善中介服务体系。

推动国内中介组织机构参与"一带一路"建设；鼓励和支持一批有能力在"一带一路"沿线国家承办国际业务的中介服务机构，为家族企业"走出去"提供会计、审计、税务、法律、资信调查、信用评级和风险评估等专业咨询服务；推动行业协会、商会等社会组织积极为进入"一带一路"沿线国家的家族企业提供信息收集、沟通与协调等服务；建立政府、商协会和专业咨询服务机构"一带一路"投资信息服务平台和促进中心；建立境外经贸合作区对接平台和家族企业国际化信息交流平台。通过政府相关部门、工商联和行业商协会平台建立境外经贸合作区与家族企业的对接交流机制，定期面向行业商协会、广大家族企业举行项目对接活动，将各园区的特色、重点产业链集聚优势和适宜进驻的企业进行详介，提升家族企业"走出去"的有效性、针对性；积极搭建"网上丝绸之路"电子信息平台与重大项目储备库，及时发布相关信息；打造线上跨境贸易电子商务服务平台和线下物流平台；放宽准入条件，吸引国际知名中介机构入华，完善中介服务体系；注重发挥"一带一路"沿线国家华侨华人及其社团组织在家族企业国际化中的支持作用；积极加强与"一带一路"沿线国家的中介服务机构的交流与合作。

参考文献

陈立敏. 2014. 国际化战略与企业绩效关系的争议——国际研究述评. 南开管理评论，17（5）：112-125.

陈凌，窦军生. 2017. 2017 中国家族企业健康发展报告. 杭州：浙江大学出版社.

陈志军，闵亦杰，蔡地. 2016. 家族涉入与企业技术创新：国际化战略与人力资本冗余的调节作用. 南方经济，（9）：61-76.

代彬，何勤勤，刘星. 2016. 国际化战略与企业研发创新能力——来自中国制造业上市公司的证据. 技术经济，35（8）：1-6.

邓新明，熊会兵，李剑峰，等. 2014. 政治关联、国际化战略与企业价值——来自中国民营上市公司面板数据的分析. 南开管理评论，17（1）：26-43.

方宏，王益民. 2017. "欲速则不达"：中国企业国际化速度与绩效关系研究. 科学学与科学技术管理，38（2）：158-170.

葛菲，贺小刚，吕斐斐. 2015. 组织下滑与国际化选择：产权与治理的调节效应研究. 经济管理，（6）：43-55.

何轩，宋丽红，朱沆，等. 2014. 家族为何意欲放手？——制度环境感知、政治地位与中国家族企业主的传承意愿. 管理世界，（2）：90-110.

侯旻，顾春梅. 2016. 二代浙商天生国际化企业外部网络资源对企业绩效的影响——双元能力的调节效应分析. 商业经济与管理，293（3）：75-87.

黄群慧. 2015. 工业化蓝皮书："一带一路"沿线国家工业化进程报告. 北京：社会科学文献出版社.

黄胜，叶广宇，丁振阔. 2017. 国际化速度、学习导向与国际新创企业的国际绩效. 科学学与科学技术管理，38（7）：141-154.

黄速建，刘建丽. 2009. 中国企业海外市场进入模式选择研究. 中国工业经济，（1）：108-117.

黄中伟，游锡火. 2010. 社会网络、组织合法性与中国企业国际化绩效. 经济管理，（8）：38-48.

霍尔 R E，利伯曼 M. 2004. 微观经济学：原理与应用. 赵伟，主译. 大连：东北财经大学出版社.

蒋冠宏. 2017. 中国企业对"一带一路"沿线国家市场的进入策略. 中国工业经济，（9）：119-136.

蓝庆新. 2017. 大力推进民营企业参与"一带一路"建设. 人民论坛·学术前沿，（10）：61-66.

李嘉楠，龙小宁，张相伟. 2016. 中国经贸合作新方式——境外经贸合作区. 中国经济问题，（11）：64-81.

李军，杨学儒，檀宏斌. 2016. 家族企业国际化研究综述及未来展望. 南方经济，（5）：63-86.

李田，刘阳春，毛蕴诗. 2017. OEM 企业逆向并购与企业升级——台升及万向的比较案例研究. 经济管理，（7）：67-84.

李新春，肖宵. 2017. 制度逃离还是创新驱动？——制度约束与民营企业对外直接投资. 管理世界，（10）：99-129.

李艳双，杨思捷，吕亭. 2018. 社会情感财富视角下的家族企业国际化战略选择研究. 领导科学，（10）：29-31.

梁强，周莉，宋丽红. 2016. 家族内部继任、外部资源依赖与国际化. 管理学报，13（4）：524-532.

林润辉，李康宏，周常宝，等. 2015. 企业国际化多样性、国际化经验与快速创新——来自中国企业的证据. 研究与发展管理，27（5）：110-121，136.

林哲弘，徐永槟. 2014. 台湾家族企业国际多角化经营绩效研究——基于金融危机前后的比较分析. 审计与经济研究，（6）：83-93.

林治洪，陈岩，秦学志. 2013. 基于制度视角的企业国际化速度对绩效的影响研究：来自中国上市公司的经验分析. 产业经济研究，（1）：89-99.

罗党论，唐清泉. 2009. 政治关系、社会资本与政策资源获取：来自中国民营上市公司的经验证据. 世界经济，（7）：84-96.

吕凡. 2009. 揭阳市家族企业国际化研究. 广州：暨南大学硕士学位论文.

潘镇，金中坤. 2015. 双边政治关系、东道国制度风险与中国对外投资. 财贸经济，（6）：85-97.

史晋川. 2006. 中国民营经济发展报告（上册）. 北京：经济科学出版社.

苏启林，欧晓明. 2003. 家族企业国际化动因与特征分析——以华人家族企业为例. 外国经济与管理，26（9）：43-47.

陶莺，项丽瑶，俞荣健. 2019. 中国企业出海"航母"模式：泰中罗勇案例研究. 商业经济与管理，296（7）：39-49.

王小鲁，樊纲，余静文. 2017. 中国分省份市场化指数报告（2016）. 北京：社会科学文献出版社.

王益民，梁枢，赵志彬. 2017. 国际化速度前沿研究述评：基于全过程视角的理论模型构建. 外国经济与管理，39（9）：98-112.

王增涛，薛丽玲. 2018. 家族涉入、社会情感财富与中国家族企业国际化——基于289家上市家族企业数据的实证研究. 国际商务（对外经济贸易大学学报），（2）：143-156.

魏江，王诗翔. 2017. 从"反应"到"前摄"：万向在美国的合法性战略演化（1994~2015）. 管理世界，（8）：136-153.

温忠麟，张雷，侯杰泰. 2006. 有中介的调节变量和有调节的中介变量. 心理学报，38（3）：448-452.

巫强，余鸿晖. 2019. 中国制造业企业出口模式选择研究：基于市场势力和生产率的视角. 南京社会科学，（8）：11-21.

吴先明，向媛媛. 2017. 国际化是否有助于提升后发企业的创新能力——基于中国上市公司的实证研究. 国际贸易问题，（9）：14-24.

杨建锋，孟晓斌，王重鸣. 2008. 家族企业特征对其国际化进程的影响——基于组织学习视角的探讨. 外国经济与管理，30（4）：39-46.

杨学儒，檀宏斌，费菲. 2008. 家族企业的国际化创业：家族控制的两难困境. 现代管理科学，（9）：60-61.

杨志强，王毅婕. 2018. 家族涉入与企业国际化：政治关联和机构投资者的调节作用. 金融与经济，（12）：65-71.

姚相如，马荣康，刘凤朝. 2016. 出口深度广度是否影响出口企业的创新能力？科学学与科学技术管理，37（6）：55-65.

余明桂，潘红波. 2009. 政治关系、制度环境与民营企业银行贷款——来自中国民营上市公司的经验证据. 管理世界，（5）：9-21.

袁建国，后青松，程晨. 2015. 企业政治资源的诅咒效应——基于政治关联与企业技术创新的考察. 管理世界，（1）：139-155.

张冰，金戈. 2007. 浙江省民营家族企业国际化经营研究. 北方经济，（3）：157-158.

张晓辉，蒋文杰. 2010. 我国家族企业集群式国际化的实现路径及效应分析. 现代城市，（4）：32-34.

张晓辉，周蔚. 2006. 国际竞争环境变化与我国家族企业国际化选择. 改革与战略，（9）：99-101.

张晓辉，周蔚. 2012. 安吉椅业家族企业国际化模式研究. 现代城市，（7）：36-38.

张晓涛，李航，刘亿. 2017. 后金融危机时期我国家族企业国际化经营绩效研究——基于控制权视角. 吉林大学社会科学学报，57（5）：5-14.

张玉明，李荣，闵亦杰. 2015. 家族涉入、多元化战略与企业研发投资. 科技进步与对策，32（23）：72-77.

中国民（私）营经济研究会家族企业研究课题组. 2011. 中国家族企业发展报告. 北京：中信出版社.

周立新. 2016. 社会情感财富与家族企业国际化：环境动态性的调节效应研究. 商业经济与管理，294（4）：5-14.

周卫中，赵金龙. 2017. 家族涉入、国际化经营与企业环境责任. 吉林大学社会科学学报，57（6）：84-94.

Abdellatif M，Amann B，Jaussaud J. 2010. Family versus nonfamily business：A comparison of international strategies. Journal of Family Business Strategy，1（2）：108-116.

Abetti P A，Phan P H. 2004. Zobele chemical industries：The evolution of a family company from flypaper to globalization. Journal of Business Venturing，19（4）：589-600.

Acquaah M. 2012. Social networking relationships, firm-specific managerial experience and firm performance in a transition economy：A comparative analysis of family owned and nonfamily firms. Strategic Management Journal，33（10）：1215-1228.

Arregle J L，Duran P，Hitt M A，et al. 2017. Why is family firms' internationalization unique？A meta-analysis. Entrepreneurship Theory and Practice，41（5）：801-831.

Arregle J L，Hitt M，Sirmon D，et al. 2007. The development of organizational social capital：Attributes of family firms. Journal of Management Studies，44（1）：73-95.

Arregle J L，Naldi L，Nordqvist M，et al. 2012. Internationalization of family-controlled firms：A study of the effects of external involvement in governance. Entrepreneurship Theory and Practice，36（6）：1115-1143.

Autio E, Sapienza H J, Almeida J G. 2000. Effects of age at entry, knowledge intensity, and imitability on international growth. Academy of Management Journal, 43 (5): 902-906.

Banalieva E R, Eddleston K A. 2011. Home-region focus and performance of family firms: The role of family vs nonfamily leaders. Journal of International Business Studies, 42 (8): 1060-1072.

Baron R M, Kenny D A. 1986. The moderator-mediator variable distinction in social psychological research: Conceptual, strategic, and statistical considerations. Journal of Personality and Social Psychology, 21 (2): 1173-1182.

Bartlett C A, Ghoshal S. 1999. Managing Across Borders: The Transnational Solution. Boston: Harvard Business School Press.

Basly S. 2007. The internationalization of family SME: An organizational learning and knowledge development perspective. Baltic Journal of Management, 2 (2): 154-180.

Berrone P, Cruz C, Gómez-Mejía L R. 2012. Socioemotional wealth in family firms: Theoretical dimensions, assessment approaches and agenda for future research. Family Business Review, 25 (3): 298-317.

Block J. 2011. How to pay nonfamily managers in large family firms: A principal-agent model. Family Business Review, 24 (1): 9-27.

Boermans M A, Roelfsema H. 2015. The effects of internationalization on innovation: Firm-level evidence for transition economies. Open Economies Review, 26 (2): 333-350.

Brydon K, Dana L P. 2011. Globalisation and firm structure: Comparing a family-business and a corporate block holder in the New Zealand seafood industry. International Journal of Globalisation and Small Business, 4 (2): 206-220.

Burkart M, Panunzi F, Shleifer A. 2003. Family firms. The Journal of Finance, 58 (5): 2167-2202.

Calabrò A, Brogi M, Torchia M. 2016. What does really matter in the internationalization of small and medium-sized family businesses? Journal of Small Business Management, 54 (2): 679-696.

Calabrò A, Torchia M, Pukall T, et al. 2013. The influence of ownership structure and board strategic involvement on international sales: The moderating effect of family involvement. International Business Review, 22 (3): 509-523.

Carlson D, Upton N, Seaman S. 2006. The impact of human resource practices and compensation design on performance: An analysis of family-owned SMEs. Journal of Small Business Management, 44 (4): 531-543.

Carr C, Bateman S. 2009. International strategy configurations of the world's top family firms. Management International Review, 49 (6): 733-758.

Casillas J C, Acedo F J. 2013. Speed in the internationalization process of the firm. International Journal of Management Review, 15 (1): 15-29.

Casillas J C, Moreno A M, Barbero J L. 2010. A configurational approach of the relationship between entrepreneurial orientation and growth of family firms. Family Business Review, 23 (1): 27-44.

Casson M. 1999. The economics of the family firm. Scandinavian Economics History Review, 47 (1): 10-23.

Cerrato D, Piva M. 2012. The internationalization of small and medium-sized enterprises: The effect of family management, human capital and foreign ownership. Journal of Management and Governance, 16 (4): 617-644.

Cesinger B, Hughes M, Mensching H, et al. 2016. A socioemotional wealth perspective on how collaboration intensity, trust, and international market knowledge affect family firms' multinationality. Journal of World Business, 51 (4): 586-599.

Chang S J, Rhee J H. 2011. Rapid FDI expansion and firm performance. Journal of International Business Studies, 42 (8): 979-994.

Chang S J, Shim J. 2015. When does transitioning from family to professional management improve firm performance? Strategic Management Journal, 36 (9): 1297-1316.

Chen X, Wu J. 2011. Do differential guanxi types affect capability building differently? A contingency view. Industrial Marketing Management, 40 (4), 581-592.

Chirico F, Salvato C. 2008. Knowledge integration and dynamic organizational adaptation in family firms. Family Business Review, 21 (2): 169-181.

Chrisman J J, Patel P C. 2012. Variations in R&D investments of family and nonfamily firms: Behavioral agency and myopic loss aversion perspectives. Academy Management Journal, 55 (4): 976-997.

Chua J H, Chrisman J J, Bergiel E B. 2009. An agency theoretic analysis of the professionalized family firm. Entrepreneurship Theory and Practice, 33 (2): 355-372.

Claessens S, Djankov S, Lang L H P. 2000. The separation of ownership and control in East Asian Corporations. Journal of Financial Economics, 58 (1-2): 81-112.

Classen N, Gils A V, Bammens Y, et al. 2012. Accessing resources from innovation partners: The search breadth of family SMEs. Journal of Small Business Management, 50 (2): 191-215.

Claver E, Rienda L, Quer D. 2009. Family firms' international commitment. Family Business Review, 22 (2): 125-135.

Claver E, Rienda L, Quer D. 2008. Family firms risk perception: Empirical evidence on the internationalization process. Journal of Small Business and Enterprise Development, 15 (3): 457-471.

Claver E, Rienda L, Quer D. 2007. The internationalisation process in family firms: Choice of market entry strategies. Journal of General Management, 33 (1): 1-14.

Cohen W M, Levinthal D A. 1990. Absorptive capacity: A new perspective on learning and innovation. Administrative Science Quarterly, 35 (1): 128-152.

Crick D, Bradshaw R, Chaudry S. 2006. Successful internationalising UK family and non-family-owned firms: A comparative study. Journal of Small Business and Enterprise Development, 13 (4): 498-512.

Cruz C, Nordqvist M. 2012. Entrepreneurial orientation in family firms: A generational. Small Business Economics, 38 (1): 33-49.

Davis P S, Harveston P D. 2000. Internationalization and organizational growth: The impact of internet usage and technology involvement among entrepreneur-led family businesses. Family Business Review, 13 (2): 107-120.

Davis J H, Schoorman F D, Donaldson L. 1997. Toward a stewardship theory of management. Academy of Management Review, 22 (1): 20-47.

De Massis A. 2012. Family involvement and procedural justice climate among non-family managers: The effects of affect, social identities, trust, and risk of non-reciprocity. Entrepreneurship Theory and Practice, 36 (6): 1227-1234

De Massis A, Frattini F, Majocchi A, et al. 2018. Family firms in the global economy: Toward a deeper understanding of internationalization determinants, processes, and outcomes. Global Strategy Journal, 8 (1): 3-21.

Dębicki B J. 2012. Socioemotional wealth and family firm internationalization: The moderating effect of environmental munificence. Mississippi State, Mississippi: Mississippi State University.

Dess G, Beard D. 1984. Dimensions of organizational task environments. Administrative Science Quarterly, 29 (1): 52-78.

Dierickx L, Cool K. 1989. Asset stock accumulation and sustainability of competitive advantage. Management Science, 35 (12): 1501-1511.

Dou J S, Jacoby G, Li J L, et al. 2019. Family involvement and family firm internationalization: The moderating effects of board experience and geographical distance. Journal of International Financial Markets, Institutions and Money, 59: 250-261.

Eisenhardt K M. 1989. Building theories from case study research. Academy of Management Review, 14 (4): 532-550.

Fang H, Kotlar J, Memili E, et al. 2018. The pursuit of international opportunities in family firms: Generational differences and the role of knowledge-based resources. Global Strategy Journal, 8 (1): 136-157.

Fang H C, Randolph R V D G, Memili E, et al. 2016. Does size matter? The moderating effects of firm size on the employment of nonfamily managers in privately held family SMEs. Entrepreneurship Theory and Practice, 40 (5): 1017-1039.

Fernández Z, Nieto M J. 2005. Internationalization strategy of small and medium-sized family business: Some influential factors. Family Business Review, 18 (1): 77-89.

Fernández Z, Nieto M J. 2006. Impact of ownership on the international involvement of SMEs. Journal of International Business Studies, 37 (3): 340-351.

Fernández-Olmos M, Gargallo-Castel A, Giner-Bagües E. 2016. Internationalisation and performance in Spanish family SMES: The w-curve. Business Research Quarterly, 19 (2): 122-136.

Gallo M A, Pont C G. 1996. Important factors in family business internationalization. Family Business Review, 9 (1): 45-59.

Gallo M A, Sveen J. 1991. Internationalizing the family business: Facilitating and restraining factors. Family Business Review, 4 (2): 181-190.

Gonzalez-Benito O, Gonzalez-Benito J, Munoz-Gallego P A. 2014. On the consequences of market orientation across varied environmental dynamism and competitive intensity levels.

Journal of Small Business Management, 52 (1): 1-21.

Gómez-Mejía L R, Cruz C, Berrone P, et al. 2011. The bind that ties: Socioemotional wealth preservation in family firms. Academy of Management Annals, 5 (1): 653-707.

Gómez-Mejía L R, Haynes K T, Nuñez-Nickel M, et al. 2007. Socioemotional wealth and business risks in family-controlled firms: Evidence from Spanish olive oil mills. Administrative Science Quarterly, 52 (1): 106-137.

Gómez-Mejía L R, Makri M, Kintana M L. 2010. Diversification decisions in family-controlled firms. Journal of Management Studies, 47 (2): 223-252.

Gómez-Mejía L R, Nunez-Nickel M, Gutierrez I. 2001. The role of family ties in agency contracts. Academy of Management Journal, 44 (1): 81-95.

Granovetter M. 1973. The strength of weak ties. American Journal of Sociology, 78: 1360-1380.

Grant R M. 1996. Toward a knowledge-based theory of the firm. Strategic Management Journal, 17 (S2): 109-122.

Graves C, Shan Y G. 2014. An empirical analysis of the effect of internationalization on the performance of unlisted family and nonfamily firms in Australia. Family Business Review, 27 (2): 142-160.

Graves C, Thomas J. 2006. Internationalization of Australian family businesses: A managerial capabilities perspective. Family Business Review, 19 (3): 207-224.

Graves C, Thomas J. 2008. Determinants of the internationalization pathways of family firms: An examination of family influence. Family Business Review, 21 (2): 151-167.

Habbershon T G, Williams M L. 1999. A resource-based framework for assessing the strategic advantages of family firms. Family Business Review, 12 (1): 1-25.

Hilmersson M. 2014. Small and medium-sized enterprise internationalization strategy and performance in times of market turbulence. International Small Business Journal, 32 (4): 386-400.

Hilmersson M, Johanson M. 2016. Speed of SME internationalization and performance. Management International Review, 56 (1): 67-94.

Holmes R M, Miller T, Hitt M A, et al. 2013. The interrelationships among informal institutions, formal institutions, and inward foreign direct investment. Journal of Management, 39 (2): 531-566.

Holt, D T. 2012. Strategic decisions within family firms: Understanding the controlling family's receptivity to internationalization. Entrepreneurship Theory and Practice, 36 (6): 1145-1151.

Hsu C W, Lien Y C, Chen H. 2015. R&D internationalization and innovation performance. International Business Review, 24 (2): 187-195.

Jiang R J, Beamish P W, Makino S. 2014. Time compression diseconomies in foreign expansion. Journal of World Business, 49 (1): 114-121.

Johanson J, Mattsson L G. 1987. Interorganizational relations in industrial system: A network approach compared with the transaction cost approach. International Studies of Management and Organization, 17 (1): 34-48.

Johanson J, Vahlne J E. 2009. The Uppsala internationalization process model revisited: From liability of foreignness to liability of outsidership. Journal of International Business Studies, 40 (9): 1411-1431.

Kafouros M I, Buckley P J, Sharp J A, et al. 2008. The role of internationalization in explaining innovation performance. Technovation, 1 (2): 63-74.

Kafouros M I, Buckley P J, Clegg J. 2012. The effects of global knowledge reservoirs on the productivity of multinational enterprises: The role of international depth and breadth. Research Policy, 41 (5): 848-861.

Kellermanns F W, Eddleston K A, Zellweger T M. 2012. Extending the socioemotional wealth perspective: A look at the dark side. Entrepreneurship Theory and Practice, 36 (6): 1175-1182.

Kim W C, Hwang P, Burgers W P. 2010. Multinationals' diversification and the risk-return trade-off. Strategic Management Journal, 14 (4): 275-286.

Kim D, Kandemir D, Cavusgil S T. 2004. The role of family conglomerates in emerging markets: What western companies should know. Thunderbird International Business Review, 46 (517): 13-38.

Klein S B, Astrachan J H, Smyrnios K X. 2005. The F-PEC scale of family influence: Construction, validation, and further implication for theory. Entrepreneurship Theory and Practice, 29 (3): 321-339.

Kontinen T, Ojala A. 2012. Internationalization pathways among family-owned SMEs. International Marketing Review, 29 (5): 496-518.

Kontinen T, Ojala A. 2011. Network ties in the international opportunity recognition of family

SMEs. International Business Review, 20（4）: 440-453.

Kraus S, Mensching H, Calabrò A, et al. 2016. Family firm internationalization: A configurational approach. Journal of Business Research, 69（11）: 5473-5478.

Le Breton-Miller I, Miller D. 2006. Why do some family businesses out-compete? Governance, long-term orientations, and sustainable capability. Entrepreneurship Theory and Practice, 30（6）: 731-746.

Leonidou L C, Katsikeas C S. 1996. The export development process: An integrative review of empirical models. Journal of International Business Studies, 27（3）: 517-551.

Li F G, Ding D. 2017. The dual effects of home country institutions on the internationalization of private firms in emerging markets: Evidence from China. Multinational Business Review, 25（2）: 128-149.

Li H, Zhang Y. 2007. The role of managers' political networking and functional experience in new venture performance: Evidence from China's transition economy. Strategic Management Journal, 28（8）: 791-804.

Liang X Y, Wang L H, Cui Z Y. 2014. Chinese private firms and internationalization: Family involvement in management and family ownership. Family Business Review, 27（2）: 126-141.

Lu J W, Liang X, Shan M, et al. 2015. Internationalization and performance of Chinese family firms: The moderating role of corporate governance. Management and Organization Review, 11（4）: 645-678.

Lumpkin G T, Dess G G. 2001. Linking two dimensions of entrepreneurial orientation to firm performance: The moderating role of environment and industry life cycle. Journal of Business Venturing, 16（5）: 414-435.

Luo Y, Tung R L. 2007. International expansion of emerging market enterprises: A springboard perspective. Journal of International Business Studies, 38（4）: 481-498.

Mahmood I P, Zheng W. 2009. Whether and how effects of international joint ventures on local innovation in an emerging economy. Research Policy, 38（9）: 1489-1503.

McMahon R G P. 2010. Growth, exporting and innovation in manufacturing SMEs: Evidence from Australia's business longitudinal survey. Small Enterprise Research, 9（1）: 46-62.

Miller D, Le Breton-Miller I, Scholnick B. 2008. Stewardship vs. stagnation: An empirical comparison of small family and non-family businesses. Journal of Management Studies, 45（1）:

51-78.

Mohr A, Batsakis G. 2017. Internationalization speed and firm performance: A study of the market-seeking expansion of retail MNEs. Management International Review, 57（2）: 153-177.

Moores K, Mula J. 2000. The salience of market, bureaucratic, and clan controls in the management of family firm transitions: Some tentative Australian evidence. Family Business Review, 13（2）: 91-106.

Naldi L, Nordqvist M. 2008. Family firms venturing into international markets: A resource dependence perspective. Frontiers of Entrepreneurship Research, 1-18.

Napshin S A, Azadegan A. 2012. Partner attachment to institutional logics: The influence of congruence and divergence. Journal of Management and Organization, 18（4）: 481-498.

North D C. 1990. Institutions, Institutional Change, and Economic Performance. Cambridge: Cambridge University Press.

Okoroafo S C. 1999. Internationalization of family businesses: Evidence from northwest Ohio, U. S. A. Family Business Review, 12（2）: 147-158.

Okoroafo S C, Koh A C. 2010. Family businesses' views on internationalization: Do they differ by generation? International Business Research, 3（1）: 22-28

Oviatt B J, McDougall P P. 2005. Defining international entrepreneurship and modeling: The speed of internationalization. Entrepreneurship Theory and Practice, 29（5）: 537-554.

Pearson A W, Carr J C, Shaw J C. 2008. Toward a theory of familiness: A social capital perspective. Entrepreneurship Theory and Practice, 32（6）: 949-969.

Peng M W, Luo Y. 2000. Managerial ties and firm performance in a transition economy: The nature of a micro-macro link. Academy of Management Journal, 43（3）: 486-501.

Pennings J M, Barkema H, Douma S. 1994. Organizational learning and diversification. Academy of Management Journal, 37（3）: 608-640.

Pinho J C. 2007. The impact of ownership: Location specific advantages and managerial characteristics on SME foreign entry mode choices. International Marketing Review, 24（6）: 715-734.

Pongelli C, Caroli M G, Cucculelli M. 2016. Family business going abroad: The effect of family ownership on foreign market entry mode decisions. Small Business Economics, 47（1）: 1-15.

Pukall T J, Calabrò A. 2014. The internationalization of family firms: A critical review and integrative model. Family Business Review, 27 (2): 103-125.

Ramamurti R. 2012. What is really different about emerging market multinationals? Global Strategy Journal, 2 (1): 41-47.

Ray S, Mondal A, Ramachandran K. 2017. How does family involvement affect a firm's internationalization? An investigation of Indian family firms. Global Strategy Journal, 8 (1): 73-105.

Redding G. 1991. Weak organization and strong linkages: Managerial ideology and Chinese family firm networks//Hamilton G G. (ed). Business networks and economic development in east and southeast Asian. Hong Kong: Centre of Asian Studies, University of Hong Kong.

Rugman A M, Verbeke A. 2004. A perspective on regional and global strategies of multinational enterprises. Journal of International Business Studies, 35 (1): 3-18.

Sanchez-Famoso V, Akther N, Jainaga T I, et al. 2015. Is non-family social capital also (or especially) important for family firm performance? Human Relations, 68 (11): 1713-1743.

Sciascia S, Mazzola P, Astrachan J H, et al. 2012. The role of family ownership in international entrepreneurship: Exploring nonlinear effects. Small Business Economics, 38 (1): 15-31.

Segaro E L. 2012. Internationalization of family SMEs: The impact of ownership, governance, and top management team. Journal of Management and Governance, 16 (1): 147-169.

Segaro E L, Larimo J, Jones M. 2014. Internationalisation of family small and medium sized enterprises: The role of stewardship orientation, family commitment culture and top management team. International Business Review, 23 (2): 381-395.

Senik Z C, Scott-Ladd B, Entrekin L, et al. 2011. Networking and internationalization of SMEs in emerging economies. Journal of International Entrepreneurship, 9 (4): 259-281.

Sheng S, Zhou K Z, Li J J. 2011. The effects of business and political ties on firm performance: Evidence from China. Journal of Marketing, 75 (1): 1-15.

Shi H X, Graves C, Barbera F. 2019. Intergenerational succession and internationalisation strategy of family SMEs: Evidence from China. Long Range Planning, 52 (4): 1-18.

Sirmon D G, Hitt M A. 2003. Managing resources: Linking unique resources, management, and wealth creation in family firms. Entrepreneurship Theory and Practice, 27 (4): 339-358.

Swinth R L, Vinton K L. 1993. Do family-owned businesses have a strategic advantage in international joint ventures? Family Business Review, 6 (1): 19-30.

Tinguely X. 2013. The New Geography of Innovation: Clusters, Competitiveness and Theory. Basingstoke: Palgrave Macmillan.

Tsang E W K. 2001. Internationalizing the family firm: A case study of a Chinese family business. Journal of Small Business Management, 39 (1): 88-94.

Tsang E W K. 2002. Learning from overseas venturing experience: The case of Chinese family businesses. Journal of Business Venturing, 17 (1): 21-40.

Tsao S M, Chen G. 2012. The impact of internationalization on performance and innovation: The moderating effects of ownership concentration. Asia Pacific Journal of Management, 29 (10): 617-642.

Tsao S M, Lien W H. 2013. Family management and internationalization: The impact on firm performance and innovation. Management International Review, 53 (2): 189-213.

Vandekerkhof P, Steijvers T, Hendriks W, et al. 2015. The effect of organizational characteristics on the appointment of nonfamily managers in private family firms: The moderating role of socioemotional wealth. Family Business Review, 28 (2): 104-121.

Vermeulen F, Barkema H. 2002. Pace, rhythm, and scope: Process dependence in building a profitable multinational corporation. Strategic Management Journal, 23 (7): 637-653.

Wagner H. 2004. Internationalization speed and cost efficiency: Evidence from Germany. International Business Review, 13 (4): 447-463.

Wang C, Yi J, Kafouros M, et al. 2015. Under what institutional conditions do business groups enhance innovation performance. Journal of Business Research, 68 (3): 694-702.

Westhead P, Wright M, Ucbasaran D. 2001. The internationalization of new and small firms: A resource-based view. Journal of Business Venturing, 16 (4): 333-358.

Wright M, Filatotchev I, Hoskisson R E, et al. 2005. Strategy research in emerging economies: Challenging the conventional wisdom. Journal of Management Studies, 42 (1): 1-33.

Xin K R, Pearce J L. 1996. Guanxi: Connection as substitutes for formal institutional support. Academy of Management Journal, 39 (6): 1641-1658.

Xu S, Wu F, Cavusgil E. 2013. Complements or substitutes? Internal technological strength, competitor alliance participation, and innovation development. Journal of Product Innovation Management, 30 (4): 750-762.

Yamakawa Y, Peng M W, Deeds D L. 2008. What drives new ventures to internationalize from emerging to developed economies? Entrepreneurship Theory and Practice, 32 (1): 59-82.

Yeoh P L. 2014. Internationalization and performance outcomes of entrepreneurial family SMEs: The role of outside CEOs, technology sourcing, and innovation. Thunderbird International Business Review, 56 (1): 77-96.

Yin R K. 2013. Case Study Research: Design and Methods. Los Angeles: Sage Publications.

Zahra S A. 2003. International expansion of US manufacturing family business: The effect of ownership and involvement. Journal of Business Venturing, 18 (4): 495-512.

Zahra S A. 2010. Harvesting family firms' organizational social capital: A relational perspective. Journal of Management Studies, 47 (2): 345-366.

Zahra A S, Garvis D. 2000. International corporate entrepreneurship and firm performance: The moderating effect of international environmental hostility. Journal of Business Venturing, 69 (15): 469-492.

Zahra S A, Ireland R D, Hitt M A. 2000. International expansion by new venture firms: International diversity, mode of market entry, technological learning and performance. Academy of Management Journal, 43 (5): 925-950.

Zahra S A, Korri J S, Yu J F. 2005. Cognition and international entrepreneurship: Implications for research on international opportunity recognition and exploitation. International Business Review, 14 (2), 129-146.

Zellweger T M, Kellermanns F W, Chrisman J J, et al. 2012. Family control and family firm valuation by family CEOs: The importance of intentions for transgenerational control. Organization Science, 23 (3): 851-868.

Zhou L X. 2014. Social responsibility and employees' organizational identification in Chinese family firms: Influence of family ownership and family commitment. Chinese Management Studies, 8 (4): 683-703.

Zhou L X, Wu A. 2014. Earliness of internationalization and performance outcomes: Exploring the moderating effects of venture age and international commitment. Journal of World Business, 49 (1): 132-142.

Zhou L X, Wu W P, Luo X M. 2007. Internationalization and the performance of born-global SMEs: The mediating role of social networks. Journal of International Business Studies, 38 (4): 673-690.

附录：企业调查问卷

企业家朋友，您好！

本问卷是国家社会科学基金项目的一个专题调研，旨在了解我国民营企业国际化的基本情况。非常感谢您抽出宝贵的时间，帮助我们完成此次调查问卷！

一、企业基本情况

1. 企业创立于_____年；企业位于_____省（市）_____区（市/县）
2. 企业主要从事的行业是：□农林牧渔业　□采矿业　□制造业　□建筑业　□服务业
3. 2015年底企业有员工_____人；2015年企业资产总额为_____万元
4. 2015年企业研发费用支出占当年总销售收入的比重：
□0.5%及以下　□0.5%～1%　□1%～2%　□3%～5%　□6%～10%
□11%～15%　□15%以上
5. 2015年企业申请的专利数：_____件
6. 2015年企业销售增长率为：_____%；2015年企业利润率为：_____%
7. 请对贵企业的绩效情况进行评价：1很差　2较差　3持平　4较好　5很好

指标	很差		持平		很好
与同行主要竞争对手相比，近3年企业的销售额增长情况	1	2	3	4	5
与同行主要竞争对手相比，近3年企业的利润增长情况	1	2	3	4	5
与同行主要竞争对手相比，近3年企业的市场份额增长情况	1	2	3	4	5
与同行主要竞争对手相比，近3年企业的总资产回报情况	1	2	3	4	5

8. 企业主的性别：□男　□女

9. 企业主的年龄：□35 岁以下　□36～45 岁　□46～55 岁　□56 岁以上

10. 企业主的文化程度是：□小学及以下　□初中　□高中（中专）
　　　　　　　　　　　　□大学专科　□大学本科　□研究生

11. 企业主在本行业工作的年限：□1～3 年　□4～8 年　□9～14 年　□15 年以上

二、国际化战略

1. 2015 年企业出口销售收入占当年总销售收入的比重：_____%（没有请填 0）若有出口，则 2015 年企业出口产品的销售区域是（可多选）：

□亚洲　□欧洲　□南美洲　□北美洲　□非洲

□大洋洲（澳大利亚、新西兰）

2. 2015 年企业境外直接投资有_____次；境外直接投资占总投资的比重_____%（没有请填 0）

境外投资用于：□建工厂　□收购或参股境外企业　□在境外设立销售机构
　　　　　　　□在境外设立研发机构

3. 2015 年企业产品出口和境外投资所涉及的国家/地区的数目有：_____个（没有请填 0）

4. 企业第一次从事国际化（出口或境外投资）是哪一年：_____年

5. 企业国际化经营模式包括（可多选）：

□出口贸易　□合同协议（技术协议、服务合同、外包合同、战略联盟）

□在境外设立销售机构　□在境外设立研发机构　□合资企业　□独资企业

□其他（请注明）_____

6. 与主要竞争对手相比，企业国际化步伐：□很慢　□较慢　□一般　□较快　□很快

7. 企业所有者或高层管理者是否具有海外学习、生活、工作、从事海外业务或海外商务出差等经历？　□是　□否

8. 企业是否愿意参加"一带一路"建设？　□愿意　□不愿意

9. 请对贵企业的国际化绩效进行评价：1 非常不满意　2 不太满意　3 一般　4 比较满意　5 非常满意

指　标	非常不满意		一般		非常满意
与同行主要竞争对手相比，近3年企业海外销售额增长情况	1	2	3	4	5
与同行主要竞争对手相比，近3年企业海外利润增长情况	1	2	3	4	5
与同行主要竞争对手相比，近3年企业海外市场份额增长情况	1	2	3	4	5
与同行主要竞争对手相比，近3年企业海外市场投资回报率	1	2	3	4	5

10. 请结合您的感受和体会，逐一作出判断：1 完全不同意　2 不太同意　3 一般　4 比较同意　5 完全同意

指　标	完全不同意		一般		完全同意
在国际化之前我们企业与合作伙伴交往频繁	1	2	3	4	5
在国际化之前我们企业与合作伙伴保持紧密关系	1	2	3	4	5
在国际化之前合作伙伴与我们企业有非正式的讨论和交流	1	2	3	4	5

11. 请结合您的感受和体会，逐一作出判断：1 很差　2 较差　3 持平　4 较好　5 很好

指　标	很差		一般		很好
与同行主要竞争对手相比，企业有关国外客户需求的知识	1	2	3	4	5
与同行主要竞争对手相比，企业有关国外营销渠道的知识	1	2	3	4	5
与同行主要竞争对手相比，企业有关国外市场的有效营销知识	1	2	3	4	5
与同行主要竞争对手相比，企业有关国外语言和社会规范的知识	1	2	3	4	5
与同行主要竞争对手相比，企业有关国外企业法律法规知识	1	2	3	4	5
与同行主要竞争对手相比，企业有关东道国政府机构的知识	1	2	3	4	5
与同行主要竞争对手相比，企业有关确定国外商业机会的知识	1	2	3	4	5
与同行主要竞争对手相比，企业管理国际业务的知识	1	2	3	4	5

三、家族涉入情况

1. 企业主及企业主的家族成员持有企业的股份比例为_____％

2. 企业总经理、总裁是不是由企业主或企业主的家族成员担任？　□是　□否

企业总经理、总裁担任该职位的年限有多少年：_____年

企业高管团队中是否雇用非家族经理人员？　□是　□否

企业高管团队中家族成员的比例是：□0　□0～20%　□21%～50%　□51%～80%　□80%以上

3. 企业总裁、总经理或其他高管人员是否担任人大代表或政协委员：
□是　□否

4. 企业是否由第一代创业者所有？　□是　□否

企业是否由第一代创业者管理？　□是　□否

四、社会情感财富

请注明与贵企业有关下列理念的重要性：1 很不重要　2 不太重要　3 一般　4 比较重要　5 很重要

指　标	很不重要		一般		很重要
企业大多数股份由家族成员所有	1	2	3	4	5
企业战略决策权由家族成员掌控	1	2	3	4	5
企业关键管理岗位由家族成员担任	1	2	3	4	5
保持企业的家族控制和独立性	1	2	3	4	5
保持企业的家族传统和家族特征	1	2	3	4	5
创造和保存家族成员的工作机会	1	2	3	4	5
家族成员不会考虑出售家族企业	1	2	3	4	5
将成功企业传递给下一代家族成员	1	2	3	4	5

五、外部环境

请对贵企业过去 3 年的外部环境做出评价：1 完全不同意　2 不太同意　3 一般　4 比较同意　5 完全同意

指　标	完全不同意		一般		完全同意
在国内，企业生存和发展很安全	1	2	3	4	5
在国内，企业具有很容易利用的大量的投资和营销机会	1	2	3	4	5
在国内，企业处于很少有竞争和障碍的产业	1	2	3	4	5
在国外，企业生存和发展很安全	1	2	3	4	5
在国外，企业具有很容易利用的大量的投资和营销机会	1	2	3	4	5
在国外，企业处于很少有竞争和障碍的产业	1	2	3	4	5